DÉRAISON D'ÉTAT

DÉJÀ PARUS :

SÉRIE « LES ANTI-GANGS »

AUGUSTE LE BRETON :

N° 1 : L'AS DES ANTI-GANGS
N° 2 : L'AS ET BELLES CHAUSSURES
N° 3 : L'AS ET LE CASSE DU SIÈCLE
N° 4 : L'AS ET LA MARQUISE
N° 5 : L'AS ET L'ENNEMI PUBLIC
N° 6 : L'AS ET LES TERRORISTES
N° 7 : L'AS AU SÉNÉGAL
N° 8 : L'AS ET LES MALFRATS

GEORGES PIERQUIN :

N° 9 : LE PLUS SALAUD DES TROIS
N° 10 : LA POLKA DES RINGARDS
N° 11 : LE POULET A L'ARMORICAINE
N° 12 : BASTOS A LA VOLÉE
N° 13 : TROIS MÉDUSÉS DANS UN RAFIOT
N° 14 : DES POULETS ET DES HOMMES
N° 15 : CES DAMES AU SALOON
N° 16 : TACATA ET FUGUE EN RÉ
N° 17 : DE L'EAU DANS LE GAZOLE
N° 18 : BARBE-BLEUE, SATAN AND C°
N° 19 : LA POULE AUX YEUX D'OR
N° 20 : RAS-LE-SAC
N° 21 : ÇA BARDE A CAMBRONNE
N° 22 : MISE EN BIÈRE-PRESSION
N° 23 : CAR L'OS C'EST CARLOS
N° 24 : LE PRIX DU SANG
N° 25 : LA PEAU DE LA PANTHÈRE
N° 26 : MAIN BASSE SUR L'AUTOROUTE
N° 27 : MISSION EN TROIS POINTS
(Prix du Suspense 1983)
N° 28 : QUAND LES SOURIS DANSENT
N° 29 : CINQ MILLIARDS AU BOUT DU COLT
N° 30 : FESTIVAL D'AZUR ET DE SANG
N° 31 : LE GANG DES POSTICHES
N° 32 : LE PENDU HORIZONTAL
N° 33 : LA MORT EN SOMMEIL
N° 34 : DU MOURON POUR LA JOCONDE
N° 35 : LA BELLE DU 18 JUIN
N° 36 : OPÉRATION KIWI
N° 37 : DRÔLE DE DRAGUE
N° 38 : SIX MECS AU MEXIQUE
N° 39 : LES MALHEURS DE SOPHIA
N° 40 : POULETS A LA COKE
N° 41 : LES AIGLES D'EGLETONS
N° 42 : POURQUOI TUER UN MALABAR
N° 43 : LE BAIN DE BOUE SE PREND COUCHÉ
N° 44 : LE BEUR ET L'ARGENT DU BEUR

GEORGES
PIERQUIN

LES ANTI-GANGS

DÉRAISON D'ÉTAT

PRESSES DE LA CITÉ
PARIS

ISBN : 2-258-02176-6
ISSN : 0153-4998

A Françoix-Xavier BOYER,

cette nouvelle guerre cathare, où la vertu, une fois encore, n'est pas vraiment récompensée. Cordialement.

G. P.

De tous les purs chefs-d'œuvre que j'ai déjà écrits, celui-ci est certainement le plus faussement vrai. Et même vraiment faux... A l'exemple de certain passeport, que l'on y évoque d'ailleurs. Si vous avez l'impression de retrouver ici une actualité assez brûlante, dites-vous bien que ce n'est qu'une impression... Et que le Mouvement de Rénovation Nationale n'existe pas. Ni le reste. Dans ces conditions, il est évident que toute ressemblance... OK?

CHAPITRE PREMIER

Marie-Laure n'avait pas le moral. Le ballet monotone des essuie-glaces sur son pare-brise l'énervait depuis trop longtemps. Et elle n'aimait pas la pluie. Celle-là surtout, qui annonçait la neige avec ses gouttes déjà presque grasses...

L'hiver était en avance, même s'il n'avait pas encore commencé sur le calendrier enluminé des PTT, et Noël se profilait à l'horizon, tout proche.

Autrefois, Marie-Laure aimait l'hiver, quand il figeait dans une immobilité pleine d'attente la campagne de son enfance, ces plaines viticoles de l'Aude que l'automne pare d'abord de flamboyantes rousseurs... Autrefois Marie-Laure aimait aussi Noël, quand il réunissait toute la famille dans la chaleur rassurante d'une vieille bâtisse de pierres solides.

Autrefois, c'était... Hier. Hier seulement. Son univers s'était écroulé avec la disparition de *son* François... Ils étaient tellement proches l'un de l'autre, comme soudés par le cœur et la tête. Il disait en riant que Marie-Laure était son jumeau cosmique. François avait de drôles d'idées !

Bien sûr il lui restait les enfants. Des garçons sans reproches, mais des hommes à présent...

Bien sûr elle les aimait plus que tout au monde, et plus encore peut-être le petit Guillaume, son unique petit-fils. Marie-Laure était grand-mère et c'est une chose qui compte aussi. Mais rien, rien ne pouvait lui faire oublier la tendre et totale complicité qui l'unissait à François.

A François qui l'avait quittée d'une façon qu'elle ne pourrait jamais oublier... Et surtout qu'elle ne pardonnerait jamais.

Une brusque rafale secoua la voiture et un paquet de neige s'étoila sur le pare-brise, puis Marie-Laure surprit une pancarte dans la lumière de ses phares.

— Quoi, murmura-t-elle, déjà !

Elle revenait de Toulouse, par l'autoroute des Deux-Mers, et l'échangeur de Carcassone-Ouest était annoncé. Elle chercha d'un regard rapide les fortifications illuminées de la plus vieille des cités médiévales. Elle reconnut la tour Saint-Nazaire, veillant du haut de ses cent soixante-dix mètres sur l'immense panorama couché dans la nuit, au-delà de la ville basse.

Quand elle était gosse, elle s'imaginait guettant au sommet de la tour, sœur Anne soupirant dans l'attente d'un beau chevalier... Et François était venu, sans soulever de nuage de poussière ! A sa façon, c'était un chevalier, lui aussi.

Marie-Laure eut une grimace nerveuse et donna un coup de volant un peu brutal. Elle avait bien failli rater la sortie de l'autoroute. Sa voiture fit une embardée, chassa de l'arrière, mais elle réussit à en reprendre le contrôle.

— Il y a du verglas, ma parole !

Ce n'était pas une constatation réjouissante. Marie-Laure ne se prenait pas pour un as du volant. « L'inconvénient des voitures modernes, songea-t-elle, c'est l'impression de sécurité qu'elles donnent. Elles sont tellement confortables qu'on en perd la notion de la vitesse ! »

A présent la neige tombait plus drue. Elle semblait se précipiter à la rencontre de Marie-Laure, comme pour l'ensevelir, rageuse et matérialisée par la lumière des phares.

— Il faut que j'allume mes codes..., murmura Marie-Laure.

Elle cherchait des yeux l'entrée de la départementale 118... Un autre panneau annonça : « Limoux ».

— Ouf ! Je serai bientôt à la maison.

Un coup d'œil à la pendulette du tableau de bord :

— Je suis sûre que les enfants se font déjà du mauvais sang ! A cause du temps, bien sûr...

Marie-Laure crut voir dans l'obscurité le visage grave de Jean-François, son aîné, et puis celui plus volontiers souriant de Noël, dont ce serait bientôt à la fois la fête et l'anniversaire...

Elle eut davantage hâte de les retrouver. Elle était trop seule, dans cette voiture perdue sur la route ! Alors elle accéléra. Malgré la neige qui diminuait la visibilité, malgré les traîtrises d'un verglas toujours menaçant...

Et brusquement, le contrôle de sa course lui échappa. La voiture fit une glissade qui lui parut vertigineuse. Marie-Laure ignorait tout de la conduite sur glace ; elle eut le mauvais réflexe : elle freina. Le contre-braquage qu'elle effectua alors, de manière totalement instinctive, lança la voiture dans une trajectoire incohérente et un arbre énorme parut se jeter à la rencontre de Marie-Laure.

— Mon dieu! hurla-t-elle d'une voix qu'elle ne se connaissait pas. François!...

Un prénom, un appel désespéré, un cri d'agonie! Tout cela à la fois. Juste avant que Marie-Laure Berger, dans un ébranlement suffocant de tout son être, ne disparaisse à jamais dans une vertigineuse spirale noire...

*
**

A une heure trente du matin, le téléphone sonna longuement dans un appartement somptueux du 7e arrondissement de Paris. Là logeait l'un des plus hauts personnages de la République.

A cinq heures moins le quart, une douzaine de personnalités encore mal réveillées se rencontraient dans le bureau-bibliothèque de ce haut personnage. Ces messieurs se regardaient les uns les autres avec des mines consternées. Un observateur un peu au fait de la chose politique aurait pu en déduire qu'il se préparait la formation d'un cabinet d'union nationale. Comme au jour des plus grands périls.

Et peut-être y avait-il un peu de ça.

Le maître de maison, qui était aussi maître en beaucoup de choses, fit asseoir ses hôtes autour d'une table ovale odorante de cire. Il fit circuler des cigares, des cigarettes, et fit lui-même le service des boissons alcoolisées. Le whisky sec obtint un consensus qui était peut-être de bon augure. La bouteille de Lawson's y passa, mais ceci ne pouvait constituer un problème ; il y en avait d'autres en réserve de la République !

Ensuite, ce grand personnage promena, debout, sur son auditoire assis et forcément inquiet, un regard perçant et sombre, celui des mauvais jours. Il était volontiers théâtral, cet homme.

— Messieurs, lâcha-t-il enfin d'une voix qui martelait les syllabes comme pour les faire entrer dans le crâne de chacun, madame Marie-Laure Berger vient de se tuer, au volant de sa voiture.

Il y eut une demi-minute de silence écrasant, qui n'était pas seulement pour honorer la mémoire de la disparue. Puis quelqu'un fit brièvement :

— Où ?

— Sur une route de l'Aude, à quelques minutes de Carcassonne. Si j'ai bien compris, elle rentrait chez elle. Messieurs, elle a été tuée sur le coup à la suite d'un dérapage sur le verglas. La voiture n'a pas pris feu et les gendarmes ont très rapidement pu établir son identité. Il en est résulté une certaine émotion, dès qu'un supérieur un peu plus « informé » a appris la chose. Et très vite cette tragique nouvelle nous est parvenue.

— Il existe encore des gens qui savent prendre des initiatives, fit une voix.

Le maître de maison se tourna vers l'homme qui venait de parler ; ses cheveux blancs encadraient un visage maigre, au nez plutôt long, et dissimulaient mal des oreilles d'une dimension presque exagérée.

— Je crois, en effet, que nous pouvons nous en féliciter, approuva-t-il. Mais pour autant nos problèmes ne sont pas aussitôt résolus...

— Ils ne se posent pas encore.

Cette observation venait d'un optimiste au visage rond, qui s'exprimait avec une touche d'accent méridional. Facilement bonhomme ou jovial, l'homme n'en était pas moins un baroudeur redouté dans les milieux politiques.

— C'est exact, reprit sèchement son hôte, mais qui doute ici que cela ne saurait tarder ?... Il est vrai que, pour l'instant, il nous reste une marge de manœuvre, faible peut-être, qu'il nous faut impérativement utiliser et, j'ajoute, par n'importe quel moyen.

Bref silence, puis il ajouta :

— Je ne pense pas qu'il soit nécessaire de rappeler ici la nature des risques qui nous préoccupent...

Des murmures de dénégation parcoururent l'assistance et s'éteignirent.

— Bien. Il y a donc des décisions à prendre...

— Une seule, à mon avis, coupa un homme à lunettes dorées dont la courte chevelure, grise et bouclée, descendait assez bas sur le front.

Il jeta un regard circulaire autour de lui.

— Il n'est pas fréquent que nous soyons tous du même avis ; je ne sais même pas si cela est jamais arrivé...

En fait, cela se produisait parfois, mais c'était uniquement lorsqu'il s'agissait d'un réajustement de l'indemnité parlementaire. Aujourd'hui il était question de tout autre chose, et personne ne se méprenait.

Le maître de maison eut un sourire mince.

— Cette unanimité est réconfortante, n'est-ce

pas ! Abordons alors plus directement notre problème et la solution qu'il est raisonnable d'envisager.

Le personnage court et rond, au verbe anisé, se carra dans son fauteuil :

— Je me charge de tout, fit-il d'un ton tranquille.

Son sourire découvrit de grandes dents carrées.

— Dans la mesure, continua-t-il, où vous voulez bien me faire confiance, naturellement.

Il sourit de nouveau :

— Et bien entendu, vous me laissez le choix des moyens. Car nous n'avons pas le temps de faire dans la dentelle, vous le comprenez.

Quelques visages se fermèrent, des mains onctueuses se levèrent en signe soit de protestation, soit de vertueuse réserve.

— Vous avez toute notre confiance, mon cher !

— Nous n'avons jamais nié votre efficacité, affirma un autre.

— Je crois, dit le maître de maison, que notre ami aura bientôt fait de nous tirer d'un éventuel mauvais pas. En votre nom à tous, comme au mien, je tiens à l'en remercier.

— Seulement quand ça sera fait, mon vieux ! Vous allez me porter la scoumoune !

A six heures le téléphone se permit de troubler le sommeil « paradoxal » (1) de Jean-Gonzague Ducray du Mortay, directeur de la police et plus spécialement responsable des brigades antigangs.

D'abord contrarié, Dupont-Dupond — ses

(1) Période précédant le réveil et particulièrement peuplée de rêves.

hommes l'avaient depuis longtemps surnommé ainsi et, en raccourci « DD » — se réjouit ensuite de voir ainsi interrompu le rêve qu'il faisait : le mari de Géraldine, la belle et brune secrétaire (particulière) pour laquelle il avait quelques bontés, rentrait inopinément de mission et le surprenait dans les bras voluptueux de cette ardente personne, situation fâcheuse où le supérieur, obligé d'exhiber son postérieur à un inférieur, éprouve forcément un sentiment d'infériorité !

Sur-le-champ, le directeur reconnut la voix de celui qui appelait. C'était un peu plus que son supérieur.

— Mon cher ami, disait celui-ci, sans songer à s'excuser le moins du monde, je vous attends chez moi pour le petit déjeuner, dans trois quarts d'heures. D'accord ?

— Chez vous, monsieur le ministre ?

— Vous m'avez bien compris. Thé, chocolat, café ? Vous voulez des croissants, des biscottes ou du pain grillé ?

Dupont-Dupond en conclut que l'on ne souhaitait pas l'entendre poser d'autres questions. Le téléphone dissimula sa grimace :

— Je n'ai pas de préférence, monsieur le ministre... Sauf pour les œufs au bacon.

— Alors, à tout de suite.

Ducray du Mortay se dirigea vers la salle de bains... Quelque chose brûlait quelque part, et ce n'était sûrement pas les œufs au bacon !

Dans sa tête, le directeur de la police passait en revue les événements des derniers jours. La période — pré-électorale — était agitée, certes, et peut-être un peu plus gadouilleuse que celles du passé, mais dans l'ensemble...

DD secoua la tête et fit couler la douche, pour la régler comme il l'aimait. Presque froide.

Cet appel téléphonique le tarabustait ; jamais encore ce ministre n'avait songé à l'inviter à son petit déjeuner, comme le faisait certain président avec des éboueurs de passage !

A vrai dire, cela ne lui manquait pas.

Avant de s'habiller, Ducray du Mortay sonna son chauffeur :

— J'espère que vous étiez levé, Marcel ?

— Oh, depuis longtemps, monsieur.

— Vous pouvez sortir la voiture, nous partons dans cinq minutes.

Le fameux petit déjeuner fut rapidement expédié. En fait, le ministre ne fit que tremper ses lèvres un peu épaisses dans une tasse de thé de Chine ; en revanche, il déballa son truc tout à trac, tandis que Dupont-Dupond, ne serait-ce que pour occulter ses réactions, faisait un sort aux œufs au bacon. Excellents, entre parenthèses.

A huit heures le directeur investissait son luxueux bureau, dans les étages supérieurs du Quai des Orfèvres...

A huit heures douze le commissaire principal Archange Ottaviani prenait place en face de lui, dans un fauteuil aux dorures chantournées.

Dupont-Dupond posa sur lui un regard qui manquait de consistance et garda un moment le silence. Otta en fut vaguement gêné et comme le boss ne se décidait toujours pas, il lui tendit la perche :

— Quelque chose de cassé, monsieur ?

DD soupira longuement ; il avait vraiment l'air dans ses souliers vernis, ceux qui le serraient.

— Archange, mon ami, commença-t-il, j'ai un énorme service à vous demander.

Le commissaire se sentit grimacer à l'intérieur. Quand le boss attaquait de la sorte, c'était généralement pour proposer des choses très déplaisantes.

— J'en ai parfaitement conscience, continua celui-ci, rien ne peut vous obliger à accepter...

— De faire quoi, monsieur ?

— Un cambriolage.

Ouf ! le grand mot était lâché. Ducray du Mortay parut retrouver des couleurs. Mais il y avait encore une lueur d'inquiétude dans le regard pâle qu'il posait sur son commissaire préféré.

— Un quoi... ? bredouilla ce dernier.

Mais il savait qu'il avait bien entendu.

— Un cambriolage ! lui répéta son interlocuteur.

Une idée nouvelle lui passa par l'esprit :

— Oh, bon ! Ce ne sera pas très difficile de trouver un vrai spécialiste, qu'il soit en prison ou pour l'instant à l'air libre !

Dupont-Dupond secoua la tête :

— Non, non. Vous ne m'avez pas compris. Ce travail ne peut être fait que par vous-même, avec votre équipe, s'entend. Il me faut des gens en qui je puisse avoir une confiance aveugle.

— Très honoré, fit ironiquement Otta.

— Vous pouvez l'être, mon cher.

DD alluma le premier cigare de sa journée ; il ne poussa pas la boîte de Davidoff vers Otta, preuve qu'il était vraiment préoccupé. Aucune importance, d'ailleurs, le plus souvent le commissaire déclinait son offre. Mais enfin...

— Voilà, Mme Berger est morte hier soir, reprit lentement le directeur. Un accident de voiture.

— Madame... Vous voulez dire Mme *François* Berger ? L'épouse du ministre de...

— Exactement, cher ami. Une autre ne nous poserait pas de... problème.

On arrivait au nœud de l'affaire.

— Quel genre de problème ?

Dupont-Dupond soupira de nouveau.

— Marie-Laure Berger devait retrouver ses fils dans leur propriété près de Carcassonne, pour y passer les vacances de fin d'année.

— Et c'est là-bas qu'elle... ?

— Oui. Une plaque de verglas, un arbre mal placé et sans doute la surprise, ou la maladresse... Bref, hier soir, Mme Berger est morte sur le coup.

— Une information qui n'a pas traîné en route, observa Ottaviani.

— Non. A cause de la personnalité de la victime, vous comprenez.

— Oui et non.

— Ne faites pas l'innocent, Archange. Le *suicide* de François Berger est encore dans toutes les mémoires, sinon dans toutes, du moins dans celles de bon nombre de hauts personnages...

— Un suicide qui a toujours été contesté par les fils du ministre, rappela Ottaviani.

Preuve qu'il était sur la bonne longueur d'onde ; ce dont DD n'avait jamais douté.

— Mais vous parliez d'un cambriolage, monsieur. Alors, questions : Où ? Et pour prendre quoi ?

De nouveau le boss parut marcher sur des œufs ; mais il ne pouvait que répondre.

— Si l'émotion suscitée par le « suicide » de Berger a fini par retomber, cela n'a pas été sans mal, vous vous en souvenez. Il a fallu les plus hautes interventions pour convaincre Mme Berger ; elle-même a eu toutes les peines du monde à contenir la volonté de ses fils, qui entendaient bien faire toute la lumière sur la disparition brutale de leur ministre de père... Il y a eu des lettres... En outre, Mme Berger n'a jamais voulu se dessaisir d'un certain dossier, ficelé par son mari. Tout au plus a-t-elle consenti à le garder sous le coude.

— Cette fois, je crois que je comprends, fit très doucement Ottaviani.

— La villa du Vésinet, qui est le domicile parisien de Mme Berger, est actuellement vide, puisque tout le monde est dans l'Aude. Nous savons déjà que les obsèques auront lieu là-bas... Les Berger y ont leur caveau de famille. Il est plus que probable, pour ne pas dire certain, que tous ces papiers sont quelque part au Vésinet...

Dupont-Dupond sembla désigner le ciel du pouce :

— Et *là-haut* on redoute les éventuelles initiatives des fils Berger. Ils vont trouver dans leur héritage *justement ce qu'on ne veut pas qu'ils y trouvent.* Ils n'ont jamais admis la thèse du suicide, vous l'avez vous-même rappelé, Archange, et nous pouvons imaginer qu'ils sont tout prêts à reprendre le combat, pour obtenir ce qu'ils considèrent comme une réhabilitation de la mémoire de leur père.

— Attitude parfaitement honorable, monsieur.

— Qui vous dit le contraire, fit DD presque violemment ! Je suis d'accord avec vous, et vous le savez bien ! Mais mon avis, votre avis, ne comptent pas en face de la raison d'Etat !

— Moi, j'appellerais plutôt ça la déraison de la morale, reprit Otta obstiné.

— Qui parle de morale ! Il s'agit de politique !

Etait-ce donc définitivement incompatible ?... Otta ne souleva pas ce nouveau problème.

— En somme, il nous faut empêcher certains scandales de resurgir, pour épargner les gens qui sont *là-haut*, c'est ça ? Ceux que certaines révélations ne manqueraient pas de compromettre ?

— Sans doute, mais pas uniquement ceux-là.

— Que voulez-vous dire ?

— Que *tout le monde* est d'accord — et vous devinez quel sens donner exactement à ce « tout le monde » — sur l'inopportunité de voir l'affaire Berger renaître de ses cendres.

— Unanimité de coquins, alors !

Dupont-Dupond semblait de plus en plus malheureux ; il haussa les épaules :

— Pas forcément, mon ami. Vous conviendrez avec moi que, dans la période plus que troublée que nous vivons du fait des prochaines présidentielles, c'est à qui sortira de sa poche un nouveau scandale... Mais, par une sorte d'accord tacite, il y a des garde-fous, des bornes que tout le monde s'accorde à ne pas dépasser... Il le faut bien. Sinon, c'est la crédibilité des institutions, de la démocratie, qui se trouverait en danger mortel. Oui, au-delà des hommes politiques, c'est notre régime qui est en jeu.

DD regarda gravement le commissaire ; on le sentait profondément sincère, tout à coup.

— Que la démocratie finisse par dégoûter complètement les honnêtes gens de ce pays et c'est la porte ouverte à l'aventure, à toutes les aventures, y compris les plus funestes... A un régime fascisant, par exemple ! Oh, je sais... Le gouvernement du peuple par le peuple, ce n'est peut-être pas la formule idéale, mais c'est assurément la moins mauvaise, ne croyez-vous pas ?

Soudain, le boss ricana d'une manière surprenante. Il ajouta :

— Même si la voix d'un ivrogne, ou d'un débile mental a exactement la même valeur que la vôtre, ou la mienne ! Croyez-moi si vous voulez, Archange, mais si je n'étais pas sincèrement convaincu de cela, je ne vous aurais jamais demandé un service aussi... aussi...

DD cherchait le mot convenable.

— ... Aussi difficile à admettre pour un policier !

Ottaviani refusa le regard du boss.

— En somme, il vaut mieux continuer à étouffer certains scandales, à couvrir peut-être des assassins plutôt que de nuire à l'image de marque de notre aréopage politique.

— Exactement, convint DD. Et je viens de vous expliquer longuement pourquoi. Pragmatisme surprenant, je veux bien, mais c'est celui de la déraison d'Etat ! Et, croyez-moi, même parmi les amis politiques de feu François Berger on ne souhaite pas voir cette affaire revenir sur le tapis. Car en vérité, dans cette histoire, tout le monde se retrouverait perdant.

— Où donc est le danger, alors ?

— Ne vous l'ai-je pas dit ? Les fils, Archange, et bien entendu les médias toujours avides de sensationnel. A plus forte raison s'il s'agit de ce que vous appelez justement une cause honorable, la défense de la mémoire d'un père.

Ducray du Mortay hocha la tête :

— Et vous vous doutez qu'il y a des groupes politiques, jusqu'ici tenus à l'écart du pouvoir, qui seraient tout à fait d'accord pour exploiter la situation ! Vous imaginez sans peine ce que cela donnerait en pleine présidentielle !

— Quatre-vingts pour cent d'abstentions ! ironisa le commissaire. A peu de chose près.

Son regard se fit grave :

— Seulement voilà... Je songe à ce ministre de l'actuelle majorité qui disait, il n'y a pas si longtemps, qu'il vaudrait mieux perdre les élections que de les gagner en s'alliant au Front National... Alors, je vous pose la question, monsieur : ne vaudrait-il pas mieux mettre en danger le régime plutôt que d'accepter indéfiniment d'en couvrir les pires horreurs ?

— C'est un choix, en effet, reconnut DD. Mais à mon tour de vous poser une question, mon cher Archange : vous sentez-vous la force d'Hercule et prenez-vous la responsabilité de nettoyer les écuries d'Augias ? Rappelez-vous... Il y a quelques années, un certain Aranda s'était mis en tête de dénoncer les scandales de la Cinquième République ; le Canard Enchaîné, dont personne ne peut sous-estimer l'audience, la force qu'il représente, l'avait alors soutenu de son mieux. Et ensuite ?... Aranda est tombé dans l'oubli, les scandales dénoncés aussi — et il en va chaque année de même pour les *irrégularités* dénoncées par la Cour des Comptes — oui, qu'est devenu celui qu'on avait un moment surnommé l'Archange, parce qu'il se prénommait « Gabriel » ?

— Moi, c'est mon vrai prénom, fit doucement observer Otta. Celui que m'a donné mon père.

Un peu d'énervement apparut dans le ton de DD :

— Alors ? Que décidez-vous ?

Ottaviani fit une grimace dégoûtée :

— C'est dur, vous savez... Et comme disent les snobs depuis quelque temps : vous faites fort, monsieur ! Cambrioler une villa !...

Il regarda froidement le boss :

— Et si ça tourne mal ?

— Ça aussi, c'est une bonne question.

Mais Dupont-Dupond ne semblait pas pressé d'y répondre. Otta continua donc :

— Ce sera à nous de payer les pots cassés, n'est-ce pas ? Pour éviter un autre scandale !

DD donna un grand coup de poing sur son bureau étincelant ; jamais encore on ne l'avait vu se livrer à de tels emportements.

— Bon dieu, Archange ! Pourquoi donc croyez-vous que je m'adresse à vous ? Moi, j'ai reçu des ordres et je n'ai pas le choix. Sinon celui de démissionner. Mais croyez-vous que pour autant quelqu'un ne les exécutera pas ? Et peut-être dans de plus mauvaises conditions ! Moi, j'ai la chance de pouvoir m'adresser à un homme que je crois capable d'accomplir proprement un travail aussi délicat, et qui peut comprendre les mauvaises raisons qu'il faut bien prendre en compte...

DD marqua un temps d'arrêt.

— ... Et que de plus je considère comme un ami, termina-t-il. Avec la certitude que c'est réciproque. Est-ce que je me trompe ?

Ottaviani retint un moment d'humeur. Le boss, une fois de plus, allait l'avoir aux sentiments !...

Un sourire ironique se dessina sur les lèvres de DD quand il continua :

— J'ajouterai, mon cher, qu'en outre vous m'avez depuis longtemps habitué à des méthodes pas toujours orthodoxes, à une certaine liberté envers les règles qui dirigent normalement les actes d'un policier...

L'ironie disparut, le sourire resta :

— Mais je reconnais que je n'ai jamais eu, jusqu'ici, qu'à m'en féliciter. Pourquoi en irait-il autrement ce coup-ci ?

DD estima que le moment était venu de répondre à une question jusqu'ici demeurée en suspens :

— A juste titre, Archange, vous vous êtes inquiété de ce qui se passerait si, d'aventure, l'affaire tournait mal... Eh bien, ce serait à moi de jouer, dans ce cas. A moi d'éviter ce scandale et, en ce qui vous concerne, non pas de limiter les dégâts mais d'empêcher même qu'il y en ait. Ça, poursuivit DD en regardant fixement Ottaviani, c'est uniquement une question de confiance.

Le commissaire s'absorba dans la contemplation de ses ongles, sans les voir, d'ailleurs.

— Est-on seulement sûr que tous ces papiers se trouvent bien au Vésinet ?... Mme Berger peut très bien les avoir enfermés dans le coffre d'une banque.

Il y eut dans le regard de DD, derrière les lunettes cerclées d'or, un éclair de triomphe ; Ottaviani venait de se rendre.

— Les coffres de banques ne sont plus ce qu'ils étaient ; ils ne garantissent qu'une sécurité très relative, et vous le savez mieux que personne (1) ! D'une certaine façon, l'histoire se répète, même si le contexte est aujourd'hui très différent. Non, Mme Berger n'aurait pas couru le risque de voir son coffre fracturé en même temps qu'une centaine d'autres dans le sous-sol d'une banque.

Dupont-Dupond sourit de nouveau :

— Je ne veux pas affirmer qu'on lui a conseillé d'éviter ce genre de dépôt... Mais j'ai quelques raisons d'imaginer qu'on le lui a au moins suggéré. C'est important, les nuances !

Otta lâcha le soupir qu'il retenait depuis un petit moment :

— Flic ou voyou, comme au cinéma !... Mais voyez-vous, monsieur, je trouverais la situation moins malsaine si l'on me demandait seulement de dévaliser une banque. Sauver la République, heu... Je suis peut-être un mauvais citoyen, finalement. Quant à mes méthodes, chaque fois que nous avons pris certaines libertés avec le Code, c'était toujours au service de la Justice ; la manière était discutable, pas les objectifs. Nous tentions alors de punir le crime, pas de le couvrir.

Il s'agissait, cette fois, d'un peu plus que d'une nuance.

DD s'était levé, il raccompagna Otta jusqu'à la porte, en lui serrant amicalement le bras, selon son habitude.

— Faites pour le mieux, Archange, et merci.

En pénétrant dans son bureau, le commissaire n'y trouva que l'inspecteur Montagné, qui lui parut encore plus séduisant que d'ordinaire. Ses longs cheveux blonds illuminaient comme un

(1) Les Anti-Gangs n° 31 : « Le Gang des postiches ».

rayon de soleil la grisaille qui embrumait l'esprit d'Otta ; ses lèvres pulpeuses, entrouvertes sur la nacre luisante des dents, lui semblaient bien plus dignes d'intérêt que la grandeur de la République... Voilà à quoi il était juste de consacrer sa vie !

Marylin, qui connaissait bien son homme, devina qu'il se passait de drôles de choses.

— Il voulait quoi, le boss ?

— Faire de nous des cambrioleurs !

En quelques mots, Archange résuma la situation.

— Tu te rends compte !..., s'exclama-t-il, il y a de quoi se la prendre et se la mordre !

L'inspecteur Montagné fit le tour du bureau et vint se coller contre le commissaire, l'enveloppant à la fois de ses bras et d'un parfum capiteux ; elle souriait à peine ironique :

— Se la prendre et se la mordre ?... Je crois que si tu pouvais faire ça, tu éviterais surtout de te blesser avec tes dents !

Interloqué, Otta en resta coi.

— Mais, dit-il ensuite, moi je parle sérieusement !

— Moi aussi, murmura Sa Blondeur en lui offrant le fruit rouge de sa bouche.

Le commissaire hocha la tête ; peut-être avait-elle raison, la môme. Ne rien prendre au tragique, c'est le commencement de la sagesse.

Marylin tournait sept fois sa langue dans sa bouche... Sans doute pour empêcher Otta de dire des bêtises.

CHAPITRE II

— Oh, pardon ! Je dérange on dirait.

Le commissaire reprit sa langue, l'inspecteur Montagné la sienne pour faire face au type à lunettes, d'un blond presque roux, mince, presque maigre — ce qui n'était qu'une fausse apparence — qui venait d'entrer et se fendait la gueule de façon presque insolente.

— Tu es con, Santu ! dit Otta en haussant les épaules. Marylin me remontait le moral.

L'inspecteur Piétri — oui, c'est ça, « Bastos » — entra carrément et, sans hésiter une seconde, s'installa confortablement au creux d'un vieux fauteuil de cuir. Il regarda les autres.

— Pourquoi ? Il est en baisse ?

— Le moral seulement, précisa Sa Blondeur en rigolant toute seule de son allusion.

— C'est DD, expliqua le commissaire, il nous met dans une merde pas possible !

— Bof ! ce ne sera pas la première fois.

Un philosophe optimiste, Bastos ; sa confiance en Otta — en lui-même aussi, sans doute — lui permettait d'affronter les problèmes d'une manière très décontractée. Ce qui est certainement la meilleure façon de les aborder.

— Soulage-toi, si tu as envie de parler !

Ottaviani n'eut pas le temps de commencer à raconter son joli conte de fée, il fut interrompu par l'arrivée de deux gars en jean. Le plus grand, Robert Quessada, enfermait la moitié de ses quatre-vingt-dix kilos — la moitié supérieure — dans un ample blouson de drap vert bouteille, orné dans le dos d'un 69 tonitruant. L'autre, plus petit — René Legros — portait un blouson de cuir. Ce n'était pas un manchot non plus, mais à côté du grand Robert, la rousse aligne forcément des mecs qui font presque figure de minus. Tous deux revenaient d'une mission d'accompagnement ; un flingueur de carrière qui braillait à qui voulait l'entendre qu'il ne passerait pas Noël au trou. Son transfert au Palais de Justice avait donc mobilisé pas mal de monde, dont nos deux anti-gangs dans une voiture banalisée.

— Comment ça s'est passé ? interrogea Otta.

— Exactement comme il fallait. Sans problème, répondit Legros. On s'est promenés !

— C'est pas le temps pour ça, ajouta Robert. Ça caille drôlement, aujourd'hui.

Le commissaire Ottaviani sortit son paquet de pipes, rencontra le regard bleu de Marylin, et le remit dans sa poche.

— On va quand même faire un tour à la campagne, dit-il. Et tant pis si on se gèle les miches.

— De quel côté ? C'est grand, la campagne !

Otta se tourna vers Bastos :

— Surtout si on s'éloigne de Paris ! ironisa-t-il. Mais nous, on ira pas plus loin que le Vésinet.

Legros cligna d'un œil :

— Bigre ! C'est les beaux quartiers là-bas !

— Bon, si vous voulez fermer vos clapets, je vais d'abord vous expliquer de quoi il retourne.

Les autres comprirent que ce n'était plus le moment de déconner. D'autant moins que le chef semblait avoir retrouvé sa gueule des mauvais jours.

— Qui se souvient de la mort de François Berger ?

— Tout le monde, je suppose, fit tranquillement Bastos. Un « suicide » entre guillemets, qui a fait de gros remous pendant des mois.

— Ça puait la merde, cette affaire-là, fit sobrement Quessada. Et on l'a enterrée.

Legros demanda :

— Tu poses ta question pourquoi ?

— Sa femme, Marie-Laure, vient de se planter en bagnole, sur le verglas. Tuée sur le coup.

— Où ça ? interrogea Bastos.

— Près de Carcassonne.

Ottaviani eut droit à des regards surpris.

— En quoi ça nous concerne, alors ? C'est un accident de la route... ! A moins qu'on soit renvoyés à la circulation ! Mais on le saurait.

Le ton ironique de Legros agaça un peu Otta.

— *Basta!* Si je peux en placer une, vous devriez finir par comprendre ; même si votre QI n'est pas terrible !

Le commissaire leur expliqua longuement la proposition de Ducray du Mortay et toutes les bonnes raisons qu'il avait trouvées pour le convaincre de se charger d'une mission très spéciale, qu'il eût été en droit de refuser.

— Et tu as accepté ? conclut l'inspecteur Piétri.

— Oui. Ça n'a pas l'air de te contrarier.

Bastos déplia ses longues guibolles :

— Que pouvais-tu faire d'autre ?... Et puis, je vais te dire : tu as bien fait.

— Ah bon ? Pourquoi ?

— D'abord parce qu'on est les meilleurs, rigola Bastos, ensuite parce qu'on se connaît bien, tous, et qu'on est des flics vertueux !

Legros se permit de glousser un petit coup.

— Pourquoi tu te marres, René ? Tu penses qu'il y en a un seul, parmi nous, qui songerait à se faire du pognon en mettant le nez dans l'affaire Berger ? dit Otta.

— Ça dépend de la somme ! ironisa Bastos.

— Si j'ai bien compris, reprit Ottaviani, vous êtes tous d'accord pour cambrioler la villa des Berger ? Moi, je n'oblige personne.

— On va peut-être s'amuser, dit Quessada. Surtout s'il y a des trucs d'alarme, ou un coffiot spécial.

— On emmènera Mimile, lui c'est un technicien, intervint Marylin.

Emile Laugier, champion du bricolage électronique, était un gars plein de ressources ; il n'avait jamais fini de vous étonner. Surtout quand il s'entraînait à tirer dans le noir au pistolet ou au 357 Magnum sur une cible invisible.

Otta décrocha une canadienne en mouton retourné.

— Pour l'instant on va faire un tour sur place, les enfants. On prend deux voitures. Mais d'abord que je vous explique...

Le plan du commissaire, dans un premier temps, était tout ce qu'il y a de simple. Il ne s'agissait encore que d'une reconnaissance des lieux. Ensuite, et bien, on verrait.

— Et c'est où, exactement, la crèche aux Berger ?

La question venait de Bastos. Elle surprit le commissaire.

— Merde ! J'avais oublié ce détail...

— Demande au fichier, suggéra Legros.

— Ça ne va pas, non ? Mettez-vous dans la tête que personne ne doit savoir qu'on fourre notre nez dans cette affaire !

— Les annuaires téléphoniques, c'est pas fait pour les chiens, dit Marylin. Voilà l'adresse : Villa « Les Aulnes », route de Croissy...

— Allez, on y va, commanda Otta.

Le Vésinet. Il suffit d'y passer une fois pour deviner qu'il y a du gros pognon logé dans tous les coins. Le pavillon de banlieue y devient villa de luxe, de grand luxe le plus souvent, et le jardinet du franchouillard moyen y a volontiers des allures de parc, avec des alignements à la française ou des perspectives anglaises. Tapages diurnes ou nocturnes y sont rigoureusement interdits. Les voitures ronronnent avec retenue dans des avenues désertes. Ici le bistrot se fait oublier et le maghrébin y est pratiquement inconnu. C'est tout dire.

Les flics firent un premier passage route de Croissy et contournèrent la propriété Berger par le boulevard Carnot.

Otta donna deux coups de freins successifs et se rangea. Legros, qui le suivait, vint se garer derrière lui.

— Appelle-les, Santu !

Piétri ouvrit sa portière et fit signe aux autres de rappliquer, pour une ultime mise au point.

— Bon, vous avez tous vu, commença Ottaviani. Grand portail métallique, sonnette au-dessus d'un interphone... Il y a sûrement un gardien.

— C'est vachement grand ! admira Quessada.

— Et parfaitement clos. Les murs d'enceinte sont gracieusement couronnés de tessons de bouteilles, continua le commissaire. Il faudra en tenir compte. Vous avez votre matériel ?... OK. On laisse une bagnole ici, Legros et Bastos se pointent à l'entrée des « Aulnes » avec l'autre caisse. Robert et moi on va marcher un peu.

Il n'y eut aucun commentaire. Chacun savait exactement ce qu'il avait à faire.

Ils se présentèrent devant le portail ; Legros exhibait un appareil photo suspendu autour du cou et un sac reporter en bandoulière. Bastos appuya longuement sur la sonnette et attendit.

Pas longtemps, d'ailleurs. Une voix qui manquait de fermeté sortit de l'interphone :

— *Oui ? Qu'est-ce que c'est ?*

— Des journalistes.

— *Des... Pour quoi faire ? Il n'y a personne !*

— Mais, il y a vous, monsieur. Nous savons ce qui est arrivé, le terrible accident... Et nous aimerions bavarder un peu avec vous.

— *M. Jean-François a interdit toute visite. Il ne veut pas qu'on pénètre dans la villa !*

— Mais, ce ne sera pas nécessaire... Je suppose que vous disposez de votre propre logement ?... Eh bien, nous y serons sûrement mieux pour bavarder, vous ne pensez pas ? Il fait vraiment trop froid pour laisser un journaliste dehors, non ?

— ...

L'inspecteur Piétri sortit l'argument ultime :

— Et pour vous photographier, il faut quand même qu'on vous voie !

— *Me faire la photo ?... Mais pourquoi ?*

— Pour le journal, tiens !

Un craquement sortit de l'interphone et, peu après, on entendit crisser le gravier derrière le portail qui s'entrouvrit.

Dans l'entrebâillement, Bastos glissa une fausse vraie carte de presse. Aussi fausse et aussi vraie que l'était certain passeport, dans une affaire que personne n'a encore oubliée.

Ensuite le portail s'ouvrit davantage et ils purent voir le bonhomme. Si sa voix manquait de fermeté, on comprenait à présent pourquoi : en fait de gorille, le gardien ne dépassait sûrement pas la taille d'un chimpanzé. A peine un peu plus haut qu'un ouistiti ! Maigre, plissé et mal rasé il posait sur les visiteurs un regard gris, peu vivace, en fronçant des sourcils aux poils rares et décolorés. Un demi-sourire écarta ses lèvres sèches quand il vit l'appareil photo de Legros.

— Alors, vous savez le malheur qui est arrivé, dit-il en finissant d'ouvrir.

— Oui, l'accident d'auto, près de Carcassonne...

Bastos se fendit d'une pensée profonde :

— C'est toujours bête, les accidents !

— Oh, oui, allez !

Le gardien, d'une main sèche, serrait autour de son cou le col d'une vieille veste de chasse en velours côtelé, d'un vert fané.

— On sera mieux dedans, rappela Bastos.

— Oh, oui... Entrez, entrez...

Le pavillon du gardien, en briques rouges, ne comportait guère que trois pièces, en rez-de-chaussée. Ils y pénétrèrent par la porte de la cuisine.

Pour offrir des chaises, le vieux dut réveiller un berger allemand qui dormait dans la chaleur de la cuisinière à charbon.

— Il devient sourd, expliqua le gardien. Eh ! Il est plus vieux que moi, Conan !

— Quand même pas, protesta Legros.

— Mais si, réfléchissez. Un an, pour un chien, c'est sept années pour un homme... Et il a déjà douze ans, alors, hein ? Oh, il est encore actif et vaillant, mais il faut qu'il soit réveillé.

— Vous devriez acheter un petit caniche, fit sérieusement Bastos, pour alerter le chien-loup en cas de besoin. Ça devrait marcher !

— Vous allez rire, mais j'y ai pensé, affirma le gardien. Bon, asseyez-vous... Un petit marc ?... Oh, attendez ! Pour ma fête, M. Jean-François m'a offert une bouteille de cognac...

Fine champagne Gaston de Lagrange ! Le fils Berger ne s'était pas foutu de lui ! Du coup, les flics acceptèrent la goutte proposée.

— C'est bon contre la grippe, fit le gardien en remplissant les petits verres. Bien mieux que toutes leurs saloperies de vaccins !

Il était pour les médecines douces, lui.

— Alors, à la vôtre, messieurs... J'allais dire à la santé de cette pauvre madame... Elle est près du Bon Dieu, à présent, et avec son cher mari !

— Justement, dit Bastos. Ce n'était pas n'importe qui, Mme Berger...

— Oh, ça non !

— Alors je prépare un grand article rappelant le passé et puis ce qu'elle est devenue depuis la disparition du ministre, sa vie jusqu'à ce triste jour...

— Oh, pas grand-chose, monsieur. Depuis son veuvage, il n'y a que ses enfants qui comptent, et puis le petit-fils...

— Ils vivent tous au Vésinet ?

— Non. Seulement l'aîné, sa femme et le bébé... M. Noël, lui, habite à Paris.

Bastos sourit :

— Et on les laisse tranquilles ? Je veux dire, les gens comme moi ne les importunent plus ?

— Plus maintenant, en tout cas. Je crois bien qu'on nous a oubliés, à présent.

Il se mettait aussi dans la sauce, le gardien. On avait déjà dû se servir de lui, dans le passé.

Bastos continua de lui faire débiter des banalités, tandis que Legros flashait à quatre ou cinq reprises, comme s'il cherchait le meilleur profil du bonhomme.

— J'aurais su, fit coquettement ce dernier, je me serais rasé !

— Aucune importance. Ce qu'il faut c'est le document vérité, de l'authentique.

— Ah bon, ah bon... Alors c'est bien...

Avant de partir, les flics purent visiter à peu près complètement le parc à moitié sauvage qui entourait le bâtiment principal. Une superbe bâtisse en pierres meulières, mais construite un peu comme une villa californienne, avec d'immenses baies vitrées.

— Je regrette vraiment, bredouilla le gardien, mais j'ai pas le droit de vous ouvrir.

— Ça ne fait rien. On peut prendre une photo de l'extérieur, en tout cas ?

— Oh, ça oui. Je ne pense pas que M. Jean-François trouverait à redire...

Quelques minutes plus tard, Bastos et Legros gagnèrent la sortie, non sans avoir assuré le gardien de leur reconnaissance sincère... Et sincères ils l'étaient, vaguement gênés même d'avoir été obligés de le prendre pour un con.

Ce qu'il n'était sûrement pas, d'ailleurs. Enfin, pas tout à fait.

Ottaviani et Quessada attendaient dans l'autre voiture, toujours garée boulevard Carnot. Le commissaire faisait tourner le moulin, chauffage au maximum.

— Alors ? demanda-t-il, ça s'est passé comment ?

— Du millefeuille, répondit Legros. Il y a un gardien, en effet, mais qui n'est plus capable de garder grand-chose. Même s'il n'a vu que deux guerres et la révolution de 68, le bonhomme est usé ; plus un concierge qu'un gardien.

— Pas de chiens ?

— Ah, si. Un animal superbe, un berger allemand qui doit peser son poids. Seulement il faut d'abord le réveiller pour qu'il aboie.

— Tu déconnes ou quoi ?

— Ben, à quatre-vingt-quatre ans !

Devant la mine ahurie d'Otta, Legros précisa :

— Douze multiplié par sept, pour les klebs il paraît que c'est comme ça qu'on calcule. Bref, il est bon pour la retraite, le berger.

— Tout ça, c'est plutôt bon pour nous.

Bastos avait, de son côté, procédé à toutes les observations possibles.

— Je n'ai remarqué aucune caméra vidéo, ni de tableau de contrôle de systèmes électroniques d'alarme. Mais on ne peut quand même pas affirmer qu'il n'y a rien de ce genre. L'impression, c'est, si tu veux, que l'on ne se sent pas chez des gens qui se croient menacés.

— Jusqu'ici ils ne l'étaient pas, dit Otta.

Ensuite il expliqua qu'en longeant le mur d'enceinte de la propriété, ils avaient repéré un endroit relativement accessible, avec une discrétion à peu près assurée.

— Maintenant, continua-t-il, il s'agit de bien nous mettre dans le cigare la topographie du coin : sens interdits, itinéraires de dégagement... En cas de pépin, on aurait l'air plutôt cons de se faire contrôler par les gendarmes.

Un souci que tout le monde pouvait comprendre.

— L'air con, dit Bastos, passe encore ! C'est la suite qui riquerait d'être plus emmerdante.

Otta ricana :

— A DD d'écraser le coup... Mais croyez-moi, les enfants, si lui n'y parvient pas, moi je nous laisserai pas porter le chapeau tout seuls !

Même s'il avait accepté de bousculer ses principes pour la plus grande gloire ou la protection de l'image républicaine, il n'était pas question de se sacrifier ou de sacrifier son équipe pour le bénéfice de quelques ripoux de haut vol !

— Jusqu'à présent, observa Quessada, on s'est toujours bien sorti des situations délicates.

— L'embêtant, c'est qu'il y a toujours, aussi, une première fois, rétorqua Otta en croisant les doigts. Alors, à nous de faire gaffe.

Ils en étaient tous bien conscients.

***

On était dans la période des jours les plus courts de l'année et, donc, des nuits les plus longues. Le Vésinet, malgré le fric et les relations haut placées de ses habitants, n'échappait pas au rythme des saisons ; il faisait donc nuit depuis déjà longtemps le soir où l'expédition poulardière fut décidée. Le secteur était calme quand ils l'abordèrent, plutôt bien éclairé, mais désert. Il gelait à pierre fendre.

Les flics s'amenèrent avec une seule voiture, qu'ils commencèrent par planquer dans un recoin sombre, tous feux éteints. Outre Legros, Bastos et Quessada, Ottaviani avait emmené en renfort, l'inspecteur Montagné, assise à la droite de son commissaire adoré.

Ils attendirent le temps qu'il fallait.

Une ronde de gardiens municipaux finit par se pointer, s'approcha à quelques mètres de la voiture, et remarqua surtout ce qui se passait à l'avant. Marylin et Archange se patinaient avec une ardeur qui témoignait d'un souffle inépuisable, et qui eût suffi, si la scène avait été tournée en extérieur, à faire fondre la glace des ruisseaux.

— Il y a des cocus dans l'air, rigola astucieusement l'un des uniformes.

— C'est sûr ! Sinon ils iraient à l'hôtel.

Comme quoi, les apparences...

Les municipaux s'éloignèrent, d'un pas rapide, espérant sans doute ainsi parvenir à se réchauffer. Ils ne pouvaient pas s'embrasser, eux.

— Bon, dit Otta, nous sommes tranquilles pour un bout de temps. Le Vésinet est régulièrement surveillé, mais puisque nous sommes prévenus !...

Au ralenti, Ottaviani conduisit la bagnole à l'endroit qu'ils avaient précédemment repéré. Pas trop près de la propriété des Berger, mais suffisamment tout de même pour faciliter un éventuel départ en catastrophe. Marylin allait y monter la garde, le walkie-talkie à portée de la main.

— Tu es sûre qu'ils ont besoin de toi ? demanda-t-elle au moment où Otta ouvrait la portière.

— Qu'est-ce que tu veux dire, chou ?

— Oh, rien... Ça me plaisait bien de flirter comme ça dans la voiture. J'avais l'impression d'être revenue à des années en arrière, quand j'étais encore une petite demoiselle !

Elle plaisantait, évidemment. Otta lui sourit dans la pénombre et referma la portière. Il avait eu exactement la même impression. Sauf qu'il ne s'était pas revu « demoiselle », pardi, mais élève du Lycée Fesch, dans la voiture empruntée à papa et parquée en haut du cours Grandval, derrière la statue de Napoléon !

Les flics retrouvèrent le coin tranquille d'où ils pouvaient franchir le mur d'enceinte discrètement. Avec eux ils amenaient un peu de matériel : une corde terminée par un crochet-araignée et, surtout, un épais tapis matelassé because les cochonneries de tessons de bouteilles.

Au loin un chien gueulait ; preuve qu'ils n'étaient pas tous comme Conan, sourdingues et quelque peu cacochymes. Quand même, le mur franchi, les flics marquèrent un temps d'arrêt. Il pouvait être sorti pour le pipi du soir, le cador.

Les nuits les plus froides sont généralement les moins obscures, même si la lune n'est pas levée. L'obscurité y est comme scintillante de glace, comme si le givre descendait des étoiles.

Les massifs irréguliers qui donnaient au parc un faux air de jardin à l'anglaise, faisaient ici et là des taches plus noires ; sous les pas des flics l'herbe crissait imperceptiblement.

La villa faisait une masse compacte, pour l'instant sans reflet. Otta et ses hommes avançaient en ordre dispersé, progressant très lentement, l'oreille tendue et les yeux cherchant à mieux distinguer.

Legros tourna la tête vers sa droite ; il avait dû dévier un peu, car Bastos n'aurait pas été si près. Alors il murmura distinctement :

— Tout à l'air calme, hein Santu ?

Mais il est dit que, souvent, le grand calme précède la tempête. Le dicton allait sur-le-champ se vérifier.

La silhouette indistincte aperçue par René Legros se rapprocha rapidement et, pour toute réponse, celui-ci eut droit à un coup de crosse en pleine tempe. Il en vit quelques étoiles supplémentaires et dégringola, jambes coupées.

Legros eut cependant la force de gueuler :

— Attention, les gars ! On est pas tout seul !

Dès lors les choses se précipitèrent. D'autres ombres sortirent des taillis obscurs et quelques coups de feu claquèrent, assourdis par des silencieux. La paisible promenade tournait au western.

— Qu'est-ce que c'est que ce cinéma ! gronda le commissaire d'une voix à peine contenue.

Celle de Marylin s'éleva du walkie-talkie :

— Une bagnole s'amène plein pot !

C'était vrai. La tire s'immobilisait en dérapage devant le portail de fer, tous feux éteints ; Marylin vit deux gus jaillir du parc, comme éjectés, et s'engouffrer dans la bagnole avec une évidente précipitation.

Marylin continua de parler dans son micro.

— Qu'est-ce que je fais ? Je la suis ? demanda-t-elle. Ils repartent déjà !

— Vas-y ! répondit la voix d'Otta. Mais juste pour essayer d'en relever le numéro. Défense d'intervenir ! C'est un ordre !

— OK, chef !

Marylin fit un démarrage à la Prost pour essayer de les rattraper. Ce n'était pas si facile, car les fuyards mettaient toute la gomme...

— Si on se paye une plaque de glace, on aura droit au matériel de désincarcération ! murmura Sa Blondeur. Comme feu Mme Berger !

Pour autant elle ne leva pas le pied.

— Merde ! Ils se payent un sens interdit !

Mais il n'était pas question de verbaliser. Marylin ne lâcha pas le morceau ; elle les suivit. Elle gagnait un peu de terrain lorsque son pare-brise vola en éclat. Un air terriblement glacé lui coupa un instant le souffle ; instinctivement elle relâcha l'accélérateur. Une seconde valda lui siffla aux oreilles... La troisième avait une chance de couper le rhume qu'elle était en train de choper ! Mais non, c'est le boudin avant gauche qui morfla et la voiture devint quasi-incontrôlable. Cette fois il fallait stopper.

D'ailleurs les gars qu'elle poursuivait attaquaient en plein virage, à la limite de l'adhérence !

— Et je n'ai même pas eu le temps de relever le numéro de ces salauds ! ragea Marylin.

Et pour que la fête soit complète, une Estafette bleue s'amena, qui lui faisait de l'œil avec son gyrophare. Quand on vous dit que le Vésinet est un secteur parfaitement surveillé !

L'inspecteur Montagné soupira, posa les mains à plat sur son volant et ne bougea plus.

Un gendarme apparut bientôt et, lentement, fit le tour du carrosse ; dans la lumière des phares un galon doré brillait faiblement.

Un autre pandore le rejoignit et les deux hommes s'approchèrent ensemble de la portière gauche, dont Marylin venait de baisser la glace.

Un peu surpris de prendre dans le faisceau de sa torche une nana aussi ravissante, le galonné s'enquit d'un ton neutre :

— Qu'est-ce qui vous arrive, madame ?

Mais il surprit sur le siège, à côté de Sa Blondeur, le walkie-talkie antenne tirée. D'abord un impact de projectile sur le capot, ce pare-brise éclaté et le pneu avant gauche en serpillière...

Et pour finir un relai-radio !

Il y avait de quoi éveiller la suspicion du moins doué des gendarmes.

— Papiers, s'il vous plaît ! intima le brigadier.

Marylin lui décrocha un sourire irrésistible, plus adorable, tu meurs.

— Je n'en ai pas, assura-t-elle.

L'autre parut emmerdé ; il ne pouvait perdre beaucoup plus de temps, on les attendait chez les Berger.

— Dans ce cas, madame, je vais vous demander de descendre et de nous suivre.

Sa Blondeur lui refit le coup de charme.

— Si vous voulez, dit-elle ensuite, mais je ne parlerai qu'en présence de mon avocat !

Sans trop savoir pourquoi, le gradé eut l'impression qu'on était peut-être... qui sait ? en train de le prendre pour un con.

Et ça ne lui plaisait pas tellement.

CHAPITRE III

Le silence revenu dans le parc de la villa Berger, les flics s'étaient rapidement regroupés. L'un d'eux buta sur Legros, en train de reprendre ses esprits.

On aida René à se remettre sur ses cannes, tandis qu'il massait doucement sa tempe douloureuse.

— Mauvaise surprise, grogna-t-il.

Surtout pour lui, mais pour les autres aussi.

— Qu'est-ce qu'il faut penser ? demanda Quessada. On a peut-être dérangé de véritables cambrioleurs. Les villas désertes...

— C'est recherché, bien sûr, reconnut Ottaviani.

Cependant, quelque chose l'intriguait :

— Le gardien, reprit-il, qu'est-ce qu'il fout ?

Il y avait une inquiétude latente dans sa question, une inquiétude logique, car là-bas, vers le bout de l'allée conduisant au portail, la maisonnette du gardien ne montrait aucun signe de vie.

— Il faut aller voir, conclut Otta.

Au pas de course ils se dirigèrent vers l'entrée. Bastos connaissait le chemin, il poussa la porte de la cuisine, qui céda aussitôt. Alors ils perçurent un souffle rauque, mêlé de gémissements.

D'autres plaintes leur parvinrent, plus lointaines ; celles d'un chien enfermé quelque part.

Dans la lumière d'une torche apparut le visage exsangue du gardien, allongé tout tordu sur le carrelage. Du sang maculait ce visage maigre, dont les paupières fripées ne se soulevaient pas.

— Il y a des priorités, merde ! grommela le commissaire. Ils l'ont laissé pour mort, mais il a peut-être encore une chance !

Leur boulot clandestin, ce n'était plus le moment d'y penser. Quelqu'un trouva l'interrupteur et la cuisine s'illumina.

Derrière une porte, le cador continuait de pleurer, il sentait que son maître avait besoin de lui.

— Où est le téléphone, reprit Otta.

— Là ! répondit Legros.

Il n'y avait qu'à suivre les traces de sang, elles conduisaient au combiné, qui pendait au bout de son fil. Le gardien avait eu la force de se traîner jusque-là et de décrocher. Pourquoi s'était-il écroulé, ensuite, tout contre sa cuisinière à charbon ?... Un mouvement incontrôlé, sans doute.

— A-t-il eu suffisamment de ressources pour appeler, dit Bastos, ce n'est pas certain.

Ils n'allaient plus tarder à connaître la réponse. Une voix brutale s'éleva dans leur dos :

— Les mains en l'air, et personne ne bouge !

Ottaviani se détroncha tout de même, pour voir de qui venait l'aimable invitation. Il soupira en reconnaissant des uniformes de la gendarmerie nationale. Soupir de soulagement, pour une part, mais à consonances enquiquinées tout de même. Les emmerdement commençaient.

Et, pour tout arranger, une silhouette connue — aimée ! — pénétra à son tour entre deux argousins. Marylin ! Qui, malgré un demi-sourire en coin, vous avait tout l'air d'être en état d'arrestation. Il ne lui manquait que les bracelets façon « Orfèvres ».

Mais Sa Blondeur eut en direction d'Otta un mouvement de la tête, un signe de dénégation. Le brigadier surprit leurs regards complices.

— Ah, ah ! Vous vous connaissez, on dirait !

— Dans tous les sens du terme ! fit Ottaviani d'un ton presque agressif. Maintenant, si vous voulez bien dire à vos hommes de ranger leurs seringues, je pourrai vous montrer un insigne, une carte et mes hommes en feront autant.

Le brigadier resta malgré tout sur ses gardes :

— Un à la fois. Alors vous, par exemple...

Ottaviani, qui n'ignorait pas que n'importe qui peut avoir le réflexe énervé, abaissa lentement les pognes et sortit sa plaque officielle...

A partir de là, le malentendu fut assez rapidement dissipé. Le brigadier se tourna vers Marylin.

— Et, cette dame...

— L'inspecteur Montagné.

— Ah, bon... Oui, évidemment...

Il ne savait plus trop sur quelle botte danser, le chef-pandore.

— On a trop perdu de temps ! reprit Otta. Cet homme est grièvement blessé.

Bastos était en train de s'en occuper ; il appelait le SAMU, avec un téléphone taché de sang.

— Ce n'est donc pas vous qui avez téléphoné à la gendarmerie ? déduisit le brigadier.

— Non. C'est le gardien... Avec le peu de forces qui lui restait.

— Je vois, je vois...

Mais le gradé ne voyait pas tout très bien quand même ; il estima qu'il avait le droit de se montrer un peu plus curieux :

— Ceci n'explique pas votre présence ici, au moment même, ou presque, où se déroulait l'agression...

Autrement dit : « on sait que vous êtes des marioles, vous les anti-gangs, mais qu'est-ce que vous bricolez sur notre terrain de chasse ? »

Le commissaire sourit. Il ne pouvait sûrement pas révéler au brigadier la raison exacte de la présence en question ! Mais par contre il avait eu le temps, durant les présentations, de mijoter un petit topo pas trop bancal :

— Une information de dernière minute, chef. Un de nos indicateurs, au cours d'une patrouille, nous a signalé la probabilité d'un casse au Vésinet, et plus exactement dans une villa vide, appartenant à un M. Berger...

Otta faisait volontairement dans l'imprécision, à toutes fins utiles.

— Le temps de trouver l'adresse, et nous avons débarqué ici à la fois trop tard et à temps. Trop tard pour empêcher ce pauvre type de se faire à moitié estourbir, mais à temps j'espère pour qu'il puisse encore s'en tirer, et pour empêcher le cambriolage. Quand nous sommes arrivés, les agresseurs devaient être encore cachés dans le parc... L'inspecteur Montagné, qui planquait à l'extérieur, les a vus s'enfuir.

Le brigadier posait sur la Ravageuse un regard à présent différent ; il l'imaginait plus facilement mannequin chez un grand couturier, cette superbe fille !

— N'écoutant que son courage, selon la formule consacrée, poursuivit Otta à peine ironique, elle a pris en chasse la voiture des bandits...

— Jusqu'au moment où ils ont descendu mon pare-brise au gros calibre, avant de trouer une de mes chaussettes, compléta Marylin.

Pour l'information d'Otta, surtout.

Le gendarme-chef parut soudain vexé :

— Vous auriez dû nous dire ça tout de suite, inspecteur. On aurait pu vous manquer d'égards.

Marylin se contenta de lui répondre d'un sourire. Bien sûr elle aurait pu... A condition de savoir quelle explication Otta fournirait aux argousins, le moment venu !

— Vous ne m'auriez peut-être pas crue, se décida-t-elle à ajouter. N'oubliez pas que j'ai oublié tous mes papiers à la maison... En changeant de sac !

Le brigadier prit l'air entendu de quelqu'un qui se disait : « Ah, les nanas !... » Mais il n'avait plus rien à objecter. Brave type, il proposa les services de ses troupes.

— On va remorquer votre voiture jusqu'à Paris, si vous voulez ?

Ottaviani approuva.

— Excellente idée. Va avec eux, Marylin, nous on finit de tout vérifier...

Des hommes en blanc s'amenaient, avec tout leur bazar, brancard, matériel de réanimation, de perfusion, sous la conduite d'un toubib tout jeune et barbu. Il avait l'œil, ce mec, et sans doute le sens inné du diagnostic :

— Plaie à la tête, beaucoup de sang perdu,

mais puisqu'il est toujours vivant, c'est bon signe.

Autrement dit, tant que tu vis tu es pas mort. C'est beau, la science !

Le gardien eut rapidement droit au cathéter branché sur l'ampoule de plasma ; enveloppé d'une couverture épaisse, il prit horizontalement le chemin de la sortie. De temps en temps il geignait, et derrière une porte, au fond de la cuisine, le vieux berger allemand semblait lui répondre.

Après une dernière hésitation, le brigadier ordonna un repli général de ses troupes. Les flics se retrouvèrent... entre flics. Mais sans Marylin.

— Punaise ! soupira Quessada. Finalement ça s'est pas trop mal passé !

Ottaviani hocha la tête et se dirigea vers le téléphone. Il appela le quai, eut Laugier :

— Mimile, tu vas prendre une bagnole pour nous rejoindre où tu sais. On est en panne.

— *Merde ! C'était pas le moment !*

Un silence ; Laugier réfléchissait.

— *Et je m'amène comme ça ?* reprit-il.

— Exactement. Ça ne craint plus.

— *Bon, ben, OK, j'arrive...*

— Si tu ne nous vois pas à l'entrée, attends-nous dans la cabane du gardien. Allez ! Magne-toi !

Sûr que Mimile n'y comprenait plus rien. Que le black-out soit brusquement levé, la chose lui paraissait pour le moins mystérieuse. On aurait le temps de lui expliquer le pourquoi du comment et le reste.

Ottaviani se tourna vers les autres :

— On manque pas de pot, les mecs ! Non

seulement on se retrouve ici comme chez nous, mais de plus notre présence est déjà expliquée officiellement !

Le grand Robert posa une question :

— Les cambrioleurs, qu'est-ce que vous en pensez ?

— Peut-être bien que oui, fit prudemment Bastos.

— Ou peut-être que non, continua Ottaviani.

Il semblait en douter.

— Parce qu'ils ont commencé par tabasser le gardien à mort ? demanda Piétri.

Le commissaire haussa les épaules :

— Qu'est-ce que ça peut faire, hein ?... Ce qui compte c'est que nous sommes dans la place, et qu'il ne nous reste plus qu'à faire notre petit boulot.

— Les clés de la villa, avança Legros, le gardien les avait sûrement quelque part.

— Et peut-être a-t-il refusé de les donner, ce qui expliquerait qu'il en ait pris plein la gueule, dit Quessada.

— Maintenant c'est un détail, nous avons nos propres outils. On cherche un peu quand même...

En quittant le pavillon du gardien, Otta remarqua une porte ouverte, à droite du portail, celle par où s'étaient taillés les types que Marylin avait pris en chasse. Question : qui l'avait ouverte ?

⁂

Après avoir semé la bagnole qui les suivait, par la grâce de quelques coups de flingue bien ajustés, les fuyards avaient d'abord ralenti l'allure, revenant à celle d'honnêtes automobilistes, puis ils s'étaient arrêtés dans un coin tranquille. A vol d'oiseau, la propriété des Berger n'était qu'à un bon kilomètre, tout au plus.

Au détour d'une avenue, le conducteur de la tire avait surpris, dans son rétroviseur, le gyrophare d'une fourgonnette qui fonçait plein pot... en direction de la villa Berger, semblait-il. Le gars avait réfléchi :

— Les perdreaux, mecs !... J'ai l'impression que notre client avait encore de la ressource !

— Quand je te disais qu'on aurait dû le finir !

— Les flics ont d'abord essayé de nous surprendre, à présent je comprends...

— Ben, c'est raté.

Ensuite le silence avait longtemps régné dans la bagnole arrêtée. Froid et obscurité.

— Je me gèle les couilles ! fit une voix.

— Souffle dessus, ricana une autre.

— Moi je peux pas, mais si tu te penches...

— Vos gueules, merde ! C'est pas le moment de déconner !

— C'est le moment de quoi, alors ?

— Peut-être de songer au boulot.

— Merde, tu en as jamais marre toi, Léonard !

Le conducteur hocha la tête :

— Vous n'avez pas l'air de vous rendre compte qu'on avait une mission à remplir.

Le gars se tourna vers l'arrière :

— Tu l'as oublié, Victor ?

— Mais non ! Et Simon non plus, c'est sûr ! Mais avec ce qui vient de se passer...

— Justement, réfléchis un peu, tête de con ! Les gendarmes sont venus, ils ont sans doute fait embarquer le gardien, et après ?... Tout est en ordre du côté de la villa.

— On n'a pas eu le temps d'entrer !

— Justement, l'alerte est passée. Personne ne pourrait imaginer qu'on va revenir.

— Ouais, ce serait incroyable, dit Simon.

— C'est pour ça qu'on va le faire.

L'affirmation de Léonard surprit les autres.

— Tu as vraiment l'intention..., murmura Victor.

— Au moins d'aller jeter un œil, merde !

— C'est gonflé ! dit Simon.

Exactement avec la voix de la pub pour la levure, à la télé. Léonard haussa les épaules :

— Ça peut le devenir, pour l'instant on n'en sait rien. Il y a maintenant...

Il regarda le cadran lumineux de sa Citizen, étanche jusqu'à cent mètres parce qu'il était un fana de la plongée.

— Trois quarts d'heure qu'on glande, les gars, alors je crois qu'il est temps de retourner là-bas. Qui m'aime me suive !

— Il est chié ! ricana Victor. C'est lui qui conduit ! Mais de toute façon tu as raison, Léonard, on peut pas laisser tomber. On nous a fait confiance, merde !

— Je préfère quand tu parles comme ça, conclut Léonard en mettant le contact.

— Le tout, dit Simon, c'est de pas se paumer. On connaît pas tellement le quartier.

Mais un bon conducteur ne perd jamais son sens de l'orientation. Léonard avait instinctivement pris des repères ; il réussit assez vite à trouver la bonne direction. Prudent, il se gara à plus de cent mètres du portail de fer des « Aulnes ».

Le reste, les trois hommes le firent à pied, sans hâte, comme des rombiers qui rentrent à la maison en discutant.

La petite entrée, à côté du grand portail, était restée ouverte ; ils se faufilèrent rapidement, en souplesse et en silence.

La maison du gardien faisait un bloc noir ; de là, on ne pouvait apercevoir la villa des patrons ; un petit bois la cachait aux regards.

Une fois dans le parc, les gars s'immobilisèrent un moment, l'oreille aux aguets. Un gémissement de chien leur parvint, atténué. Puis une bagnole s'amena sur la route, sans la moindre discrétion. Des freins à disques firent entendre un grincement aigu, qui brusquement cessa.

Une lumière jaune éblouit la petite porte, puis le noir revint. Total.

Une portière claqua sans précaution. Celui qui arrivait ne semblait pas se soucier outre mesure d'être ou non remarqué.

Léonard se pencha vers les autres :

— On a de la visite, souffla-t-il.

Quel genre ? La question restait posée.

Ottaviani et les siens étaient entrés d'autant plus facilement dans la villa des Berger qu'ils avaient fini par trouver un jeu de clefs dans la poche d'une canadienne appartenant au gardien.

Les flics avaient commencé par une revue rapide des lieux, en allumant les lampes au fur et à mesure dans les pièces traversées. Plus de raisons de se gêner, à présent.

Ils avaient donc, dans un premier temps, pu se rendre compte que cette grande bâtisse, en forme de U, comportait trois parties distinctes : deux ailes constituant chacune des appartements de quatre pièces, de part et d'autre d'un immense living attenant à un salon-bibliothèque qui faisait la jonction entre les deux branches du U.

La répartition des deux appart était évidente. Dans l'aile gauche la présence d'un lit d'enfant indiquait qu'on était chez Jean-François Berger. L'autre aile était le domaine de sa mère, impossible de s'y tromper.

C'était donc par là qu'il convenait de commencer les recherches, puisque c'était la veuve du ministre qui détenait les lettres et les documents qu'il fallait récupérer à tout prix.

Tout de suite, un bureau à cylindre Louis-XVI retint l'attention du commissaire. Il fit signe à Bastos de s'approcher :

— A ton avis, Santu ?

— Elle a peut-être rangé des trucs là-dedans... Mais elle a probablement caché le dossier que nous cherchons dans un endroit moins évident.

— Oui et non. N'oublie pas que, lorsqu'elle a quitté le Vésinet, il y a quelques jours, elle ne pouvait imaginer que l'on allait de nouveau s'intéresser à l'affaire Berger. Pour elle, il n'en était plus question. Dans ces conditions...

— Il est vrai que nous n'avons découvert aucun système d'alarme ; la porte d'entrée elle-même, si elle comporte deux serrures, n'est pas particulièrement inviolable.

L'inspecteur Piétri tendit les mains vers les deux boutons ouvragés qui, de part et d'autre du motif doré décorant le cylindre, permettaient de l'ouvrir. Il souleva doucement. Aucune résistance, le bureau n'était pas fermé à clef.

— Eh bien, ça se bouscule là-dedans !

Les étagères du meuble débordaient d'un tas de papiers, de lettres, de chemises enfermant des pièces de toutes sortes : police d'assurances, factures, feuilles d'imposition, etc. Les tiroirs n'étaient pas moins remplis, aimable foutoir, beau désordre qui est — ceux qui me connaissent le savent — un indiscutable effet de l'Art !

— C'est fou ce que l'on peut entasser ! commenta Ottaviani. Cette dame, en tout cas, devait s'y retrouver, elle. Quel fouillis !

— Ça, approuva Bastos, il ne reste guère de place libre, dans ce...

Il s'interrompit brusquement. Parce qu'il venait d'ouvrir l'avant-dernier tiroir *et que celui-ci était absolument vide.*

Les flics se regardèrent ; ils pensaient à la même chose, une idée s'imposait à eux.

— Oui, c'est pour le moins inattendu, dit Bastos. Ce meuble est bourré à exploser, alors qu'il reste un tiroir totalement inoccupé.

— Dis ce que tu penses, invita Ottaviani.

— La même chose que toi, je suppose... Mme Berger l'a vidé avant de partir.

Il restait un tiroir à visiter, Bastos l'ouvrit. Il était plein de vieilles coupures de presse, couvrant une période de plusieurs mois... La période de l' « affaire Berger » et elles ne parlaient que de cela, de ce ministre qui s'était suicidé de *deux* balles dans la tête !

— Donc, fit doucement Otta, c'était bien dans ce meuble qu'elle rangeait tout ce qui concernait la mort de son mari.

Dès lors, son intime conviction, que partageait totalement Bastos, c'était que le dossier compromettant y avait été rangé, mais qu'elle l'avait caché ailleurs ou emmené avant de partir.

— Une villa inoccupée est vite repérée, commenta à mi-voix Ottaviani.

Piétri hocha la tête :

— Preuve en est peut-être ce qui s'est passé ici avant notre arrivée.

Le commissaire fit des yeux le tour de la chambre, s'arrêta sur la grande armoire dont le bois, merveilleusement patiné par le temps, luisait de reflets fauves :

— On ne peut rien laisser au hasard, Santu.

— Bien sûr, reconnut Bastos en ouvrant une table de chevet. Je t'avoue que je n'y crois plus guère. Mais tu as raison...

Au bout d'un moment, Otta fit une remarque :

— Je me demande ce que peut bien fiche Mimile ! Il devrait être là, depuis le temps !

Otta regarda sa Citizen, elle lui confirma que Laugier était parti du Quai depuis une bonne heure. Or il était plus de minuit, les embouteillages ne pouvaient pas expliquer ce retard.

— Il a peut-être crevé, lui aussi ! dit Piétri.

Legros et Quessada qui fouillaient la pièce à côté se montrèrent.

— Rien du tout ! affirma le second.

— Et on n'a pas bâclé !

Legros s'étonna :

— Mimile n'est pas avec vous ?

— Pas vu ! répondit Otta. Bon, il ne tardera sûrement plus, à présent.

— S'il n'est pas là, on pourra toujours téléphoner de la maison du gardien.

Bastos ajouta :

— Comme il gèle dehors, Mimile attend peut-être dans la voiture, en écoutant la radio !

Un point de vue que le commissaire ne partageait pas totalement.

Et il donna l'ordre du départ.

Lumières éteintes, porte d'entrée soigneusement refermée, les flics se hâtèrent vers la sortie. Le froid vif leur pinçait les narines.

— « Noël aux tisons... », murmura Quessada.

— Nous n'y sommes pas encore. D'ici là, il peut y avoir un redoux.

Legros connaissait ses classiques :

— « Pâques au balcon » c'est pas plus mal. Moi, j'aime bien que les saisons soient à leur place.

Les quatre hommes finirent de contourner le boqueteau et discernèrent plus facilement les contours de la maison du gardien ; un mince croissant de lune décorait à présent la nuit.

Tout en discutant, ils dépassèrent le logement obscur et jetèrent un coup d'œil à l'extérieur : une voiture stationnait devant le portail, tous feux éteints. Elle était vide.

— On a enlevé Mimile ! s'exclama Bastos.

Dans son esprit, ce n'était qu'une boutade.

— Il est allé pisser, proposa Legros.

— Mimile ! gueula Quessada. T'es là ?

Pour toute réponse, il obtint une suite de plaintes geignardes. C'était Conan qui se lamentait.

Les flics firent demi-tour, pour regagner la maison du gardien.

— J'ai un drôle de pressentiment, lâcha Otta.

Personne ne lui demanda lequel ; ils pensaient tous à la même chose... Parce qu'ils avaient découvert, auparavant, un bonhomme avec le crâne ouvert. D'ailleurs, une fois la porte poussée, les gémissements étouffés qui se superposaient aux pleurs du berger allemand ne pouvaient que confirmer leurs craintes.

La lumière inonda la cuisine, révélant un Mimile ligoté sur une chaise, et bâillonné aussi étroitement qu'il est possible. Pas de sang sur son visage et, dans ses yeux furibards, on pouvait lire une énergie quasiment intacte.

Déjà Bastos s'occupait de lui rendre la liberté et la parole ; il commença par renauder !

— Merde, vous y avez mis le temps !... J'ai même cru que vous étiez repartis, il y a cinq minutes.

— Qu'est-ce qui t'a fait croire ça ?

Le commissaire était plutôt surpris.

— J'ai entendu des gars qui se tiraient en parlant à mi-voix. Ça m'étonnait un peu quand même...

— Oui, quand même ! dit Quessada.

— Il y a longtemps que tu es là ? demanda Bastos.

— Difficile à dire, mais à mon avis ça ferait pas loin d'une plombe.

— Et ça s'est passé comment ?

Laugier se massait les bras engourdis et douloureux ; il fit une grimace :

— Très vite ! A peine dépassée la petite porte à côté du grand portail, je me suis cogné la tête sur un truc vachement dur. Ce serait une crosse de gros calibre que ça ne m'étonnerait pas.

— Tu as pu voir quelque chose ?

— Trente-six chandelles, mais elles se sont éteintes très vite... J'ai refait surface dans un tunnel, exactement comme vous m'avez trouvé.

Mimile secoua la tête :

— Désolé, mais même sous la torture j'aurais rien de plus à raconter. Quand je suis arrivé, il n'y avait pas d'autre bagnole à proximité, point final.

Otta semblait quand même soulagé :

— Tu t'en tires mieux que le gus qui t'a précédé dans cette cuisine, c'est l'essentiel.

— Ah, bon ? Il y a eu du grabuge ? Qu'est-ce que vous attendez pour me mettre au parfum ? Moi, je m'y perds dans tout ça, les gars !

— Je reconnais, commença Otta, qu'il y a eu ce soir pas mal d'imprévu.

— C'est le charme de la vie ! se marra Quessada.

Mimile écouta, sidéré, les dernières nouvelles du Vésinet. La propriété des Berger y avait attiré pas mal de monde, brusquement.

— Ça pose de nouvelles questions, dit-il.

Il ne restait plus qu'à chercher les bonnes réponses. Où et comment ? A moins d'être extralucide...

— Il y a un klebs, là-derrière, reprit Laugier. Il arrête pas de gémir.

Quessada fit observer que le cador avait quelques raisons de se faire du souci. Son maître avait des problèmes, et il s'inquiétait sûrement de son avenir.

— Je vais le chercher, dit Bastos en se dirigeant vers le réduit où Conan était enfermé. Il me connaît un peu, à présent.

La porte à peine ouverte, le chien-loup se

précipita dans la cuisine ; tout de suite il se mit à flairer les taches de sang qui séchaient sur le carrelage. Et il se mit à hurler à la mort.

— J'espère qu'il n'en sait pas déjà plus que nous sur le sort du gardien, grommela Ottaviani.

Une réflexion qui ne fit sourire personne.

Otta se dirigea vers le téléphone et décrocha, mais il raccrocha aussitôt, cherchant des yeux un annuaire. Un instant plus tard, il appelait la brigade de gendarmerie.

— *Gendarmerie du Vésinet, j'écoute...*

— Commissaire Ottaviani... Oui, c'est bien ça. Nous avons terminé nos investigations ; mais nous ne voulons pas partir en laissant la villa des Berger sans surveillance, vous comprenez ?

— *Vous pensez qu'on pourrait, commissaire...*

— Non, je ne pense pas...

L'expérience venait pourtant de prouver le contraire, mais personne n'avait besoin de le savoir.

— ... Il ne faudrait pas qu'on vienne ensuite nous reprocher... Mme Berger est tout de même une personnalité, veuve d'un homme qui fut ministre. Il n'est pas nécessaire d'en dire plus, je pense.

— *Oh, oui, bien sûr... J'ai compris cette fois.*

N'en déplaise aux mauvaises langues, il n'avait pas besoin d'un dessin, ce brave gendarme.

— *OK,* continua-t-il, *j'en parle au chef et on envoie du monde, d'ici vingt minutes, ça va ?*

— Merci. Le plus tôt sera le mieux.

Ottaviani raccrocha :

— Ils ne vont pas tarder.

Bastos fourrageait dans les placards de la cuisine, à la recherche de quelque chose.

— Tu as les crocs ? s'étonna Bastos.

— Non, c'est pour lui...

Toussaint montrait le cador qui roulait des yeux infiniment tristes.

— Je vais lui laisser des trucs à bouffer, et mettre de l'eau dans sa gamelle...

Mais ce ne pouvait être que du provisoire, évidemment. Otta s'en rendait compte :

— Je demanderai aux gendarmes de s'occuper de lui.

Il eut un petit sourire :

— A quatre-vingt-quatre berges, il a besoin d'être assisté, ce klebs.

Avant de quitter la propriété, le commissaire songea à remettre le trousseau de clefs de la villa aux gendarmes qui venaient d'arriver.

— Gardez-le jusqu'au retour des Berger... Ou du gardien, s'il a un peu de chance.

Les flics s'entassèrent dans la R 20 qui avait fini de se refroidir devant le portail des « Aulnes ». Ils allumèrent des cigarettes — même Otta — pour se réchauffer au moins le bout du nez.

— Gla-gla..., grelotta Legros.

Il songeait à se faire muter à la Martinique !

— L'obscure clarté qui tombe des étoiles, fit Laugier, c'est de la lumière froide !

— De vraies gonzesses ! grogna Ottaviani.

Mais lui il se disait en douce que, avant même une heure écoulée, il se glisserait dans les toiles tièdes, pour trouver une douce hospitalité entre les cuisses soyeuses de Sa Blondeur... qui lui gardait au chaud sa gourmandise préférée.

— On l'a dans le baba, quoi ! commenta le grand Robert.

Otta se tourna vers lui, surpris :

— Tu parles de quoi, exactement ?

Il avait déjà décroché, le commissaire.

CHAPITRE IV

De retour au sweet home, Otta commença par être cruellement déçu. Il s'aperçut qu'il était complètement crevé. Etait-ce à cause du froid glacial, des longues heures passées au Vésinet, mais il éprouvait une lassitude générale qui ne pouvait que se répercuter au mauvais endroit.

Sa Blondeur dut se rendre très vite à l'évidence. Une autre aurait paniqué, pas elle. Et puis, elle avait confiance en ses moyens. Un vrai rebouteux, Marylin, personne ne savait comme elle remettre d'aplomb un membre de travers. Le don, quoi !

Les doigts d'abord, légers, frôleurs, insinuants, prolongeant leurs effleurements subtils vers des zones d'ombre où la chaleur se fait plus intense... Et, dès les premiers soubresauts annonçant le réveil des forces assoupies, les lèvres mouillées, enveloppantes... Sans hâte aucune, s'allumant toute seule à ces jeux voluptueux, Marylin vous transformait la plus molle guimauve en colonne de marbre... Et il ne lui restait plus qu'à s'asseoir dessus. Ce qu'elle faisait avec de longs soupirs de satisfaction, la satisfaction du devoir conjugal (bien) accompli. Car s'asseoir dessus, ce n'était pas traiter la chose par-dessous la jambe. Quoique...

Après ces aimables divertissements, le commissaire se sentait un peu moins déprimé, mais un peu plus crevé, ce qui était en somme parfaitement naturel.

Comme s'il ne manquait que lui, le téléphone se mit alors à sonner. Otta fit un ultime effort pour décrocher, reconnut la voix hiérarchique, et articula d'un ton impersonnel, plusieurs fois de suite : « Il n'y a plus d'abonné au numéro que vous avez demandé. » Après la quatrième on raccrocha et il en fit autant. Si Dupont-Dupond avait des insomnies, il n'avait qu'à sonner Géraldine !

Le lendemain matin, quand il reçut son « cher Archange », Ducray du Mortay ne fit aucune allusion à son coup de fil de la veille. Le combiné reposé, il s'était aperçu de l'heure tardive et, honnêtement, il avait reconnu que même un commissaire des anti-gangs a le droit de dormir de temps à autre.

— Alors ? fit-il simplement d'un ton anxieux.

Ottaviani haussa les épaules et prit place dans le fauteuil que DD montrait :

— Négatif, monsieur, on est rentrés les mains vides.

— Ah... C'est très embêtant. Très !

Visiblement contrarié, le boss.

— Mais, reprit-il, vous n'avez pas eu de problème ?

L'intervention des gendarmes du Vésinet n'était pas encore remontée jusqu'à lui.

— Nous n'avons eu que ça, rectifia le commissaire.

Devant l'air paniqué de DD, il s'empressa d'ajouter, avec un semblant de sourire :

— Mais rassurez-vous, nous ne risquons aucune retombée désagréable.

— Je vous écoute, dit DD.

Otta rapporta les faits, ainsi qu'ils s'étaient déroulés, mais sans souligner plus particulièrement tel ou tel détail. Le boss devait se faire sa propre opinion tout seul. DD réfléchissait.

— Votre analyse ? reprit-il ensuite.

— Une question, monsieur, si vous le permettez.

— Bien entendu. Je vous en prie.

— Retenez-vous l'hypothèse selon laquelle nous pourrions avoir surpris de vrais cambrioleurs ?

— Pas une seconde.

— Pourquoi, monsieur ?

— D'abord parce que je ne crois pas plus que vous aux coïncidences — même s'il est impossible d'en rejeter totalement l'éventualité —, ensuite parce que des voleurs n'auraient pas cru nécessaire de malmener comme ils l'ont fait ce malheureux gardien. Mais, surtout, Archange...

Le regard bleu de DD s'était durci.

— Surtout parce qu'il est peu croyable que de simples cambrioleurs aient songé à revenir à l'endroit même d'où ils venaient d'être surpris par la police.

— Ils n'étaient pas certains d'avoir affaire à la police... Mais c'est vrai qu'ils pouvaient le penser.

— Bien entendu ! Et la découverte du gardien blessé ne pouvait que leur rendre « Les Aulnes » infréquentable. Je suppose qu'ils ont pensé que c'était lui qui avait donné l'alarme.

— La déduction a pu s'imposer, en effet. Personnellement, continua Ottaviani, je suis persuadé que la mésaventure de Laugier est le résultat du retour de ces mêmes individus.

— Je le pense aussi. Supposer l'existence d'une troisième équipe, cela ferait un peu beaucoup.

Le commissaire semblait préoccupé :

— Seulement voilà, reprit-il. Près d'une heure s'est écoulée entre le moment où Mimile a été neutralisé et celui où nous l'avons délivré. Il était alors parfaitement conscient. Nous pouvons le croire sans réticence lorsqu'il nous dit avoir *entendu* le départ de ses agresseurs. Donc, question : qu'ont fait ces types durant tout ce temps ?

DD n'hésita pas :

— Ils se sont uniquement intéressés à vos propres mouvements. Peut-être même d'assez près.

Ottaviani grommela, presque contrarié :

— Ce n'est pas impossible. Nous avions laissé la porte de la villa ouverte, à l'intention de Laugier justement... Nous étions tous très occupés et loin de soupçonner...

Il s'interrompit. L'idée que ces salopards avaient même pu surprendre leurs propos le mettait en rogne.

— Je suppose que vous avez abondamment commenté la découverte du tiroir vide ?

— Disons, monsieur, que nous avons raisonné ensemble, Piétri et moi, sur le sens à donner à ce qui nous paraissait être une anomalie, dans un meuble par ailleurs bourré à craquer.

— Vous voyez à quelles conclusions cela nous mène ?

Une interrogation de principe. Ducray du Mortay savait bien que le commissaire ne l'avait pas attendu pour tirer ses conclusions personnelles.

— Il faut nous rendre à l'évidence, dit lentement ce dernier. Nous ne sommes pas les seuls à vouloir récupérer le « dossier Berger ». Il faut aussi croire que c'est de la dynamite, ce machin-là.

— Pire ! De la nitro-glycérine !

Une nouvelle version du « Salaire de la Peur »... Combien de morts, à l'arrivée ?

— La course est engagée, dit DD, mais notre marge de manœuvre diminue singulièrement.

Il eut un rire presque grinçant :

— A la réflexion, je me félicite pourtant, malgré tout, que vous n'ayez rien trouvé.

— Pardon ? fit Otta surpris.

— J'ai la faiblesse de tenir à mes hommes, reprit Dupont-Dupond comme s'il se moquait de lui-même. Alors je pense à ce qui aurait pu se produire au cas où vous auriez mis la main sur ces documents... On vous attendait à la sortie, mon cher Archange.

Ottaviani fit une grimace, vexé :

— Oui, et on se faisait cueillir comme des pommes. Un vrai casse-pipes ! Mais à quoi bon perdre notre temps avec ce qui *aurait pu* arriver !

— Vous avez raison, Archange, les cogitations négatives ne présentent aucun intérêt... L'échec de cette nuit n'est qu'un épisode dans votre travail. Il vous aura au moins servi à l'orienter, désormais.

DD avait de la suite dans les idées ; mais ça, ce n'était pas une révélation.

Ottaviani se doutait déjà de la frottée ; il soupira et attendit la suite.

Le directeur consulta la montre en or de son poignet, et en douce Otta bigla sa Citizen, par mimétisme. Elle était chouette, sa montre à quartz ; il lut la date du jour...

Une chose qui intéressait également DD.

— Les obsèques de Mme Berger ont lieu demain, dit-il. Et c'est notre meilleure chance.

Il regarda le commissaire avec insistance, comme pour mieux le persuader :

— Vous pensez comme moi, je le sais, que Mme Berger n'a surtout pas voulu abandonner ce fameux dossier dans une villa déserte ; elle l'a donc emporté dans ses bagages et il se trouve à présent dans sa propriété de l'Aude.

Raisonnement d'une logique absolue auquel Otta n'avait rien à opposer.

— Nous avons commencé quelque chose, mon cher ami, il n'est pas question de nous arrêter en chemin, surtout maintenant !

DD faisait allusion à la concurrence, un facteur aggravant certainement.

— Notre meilleure chance — si l'on peut s'exprimer ainsi à propos d'un enterrement ! — c'est justement les funérailles. Mais à la condition expresse d'arriver les premiers là-bas. Car d'autres que nous peuvent facilement tenir le même raisonnement... Pendant la cérémonie, le domicile des Berger sera forcément désert. Même le personnel se doit d'assister aux obsèques, alors il n'y a pas à hésiter ! Le moindre atermoiement et nous risquons de nous faire battre sur le fil !

— Nous sommes prévenus, cette fois, observa Ottaviani.

Mais en lui-même il se posait une méchante question : que feraient-ils au cas où ils se trouveraient face à face avec ceux qui marchaient sur leur plate-bande ?... Allaient-ils déclencher les hostilités, au risque de provoquer une révolution dans le coin ? Question discrétion, ce serait foutu !

— Je sais, l'histoire se complique, reprit DD comme s'il lisait les pensées d'Otta. Vous n'aurez pas trop de toute votre astuce, Archange !

Le boss saisit à deux mains le bord de son bureau miroitant, comme pour le soulever :

— Vous devinez quel usage feraient « les autres » s'ils mettaient la main sur le dossier Berger ?

— Exactement celui que vous voulez à tout prix empêcher, pour les nobles raisons que vous m'avez déjà exposées !

— Je comprends votre ironie, mon ami. Mais sur ces raisons, tout le monde est d'accord.

— Non, rectifia Otta, pas tout le monde. Sinon, personne ne serait en compétition avec nous.

Il regarda DD d'un œil pointu :

— Qui sont ces « autres », selon vous ?

— A quelques mois des élections présidentielles, qui donc peut avoir intérêt à remuer la m...ouscaille, Archange ? Des gens qui veulent le pouvoir et qui, jusqu'ici, n'y ont pas participé.

Ottaviani hocha la tête.

— Evidemment. Parce qu'ils n'y ont encore pas participé, il est difficile de leur attacher des casseroles, à ceux-là. Ils peuvent encore jouer les vertueux, sinon les Robespierre !

— Nous sommes d'accord. Tout ce qu'on peut faire pour les atteindre, c'est de recenser quelques phrases malheureuses, des prises de position excessives. On est loin du « si tu parles de ça, moi je ramène autre chose sur le devant de la scène ! »...

Ducray du Mortay s'interrompit pour consulter l'horaire d'Air-Inter :

— Dix heures cinquante, c'est trop juste... Par contre l'Airbus de treize heures cinquante devrait faire l'affaire ; vous serez à Toulouse une heure plus tard environ. Vous avez donc le temps de faire les valises. De Toulouse à Carcassonne il y a quatre-vingt-douze kilomètres d'autoroute ; la propriété des Berger n'est pas très loin de la cité médiévale...

DD appuya sur le bouton de l'interphone :

— Géraldine, venez une seconde mon petit.

La secrétaire se pointa si vite qu'on pouvait penser qu'elle n'attendait que cet appel. Superbe pouliche, cette nana. La douce chaleur qui régnait dans les bureaux autorisait la minijupe... Mais la sienne était vraiment mini. On aurait eu tort de s'en plaindre, les cannes gainées de noir étaient tout bonnement admirables. D'ailleurs le boss ne s'en plaignait pas, jamais.

Celui-ci leva la tête vers elle :

— Prenez note, mon petit. Des réservations pour le vol Air-Inter de treize heures cinquante...

— Aujourd'hui ?

— Oui, oui ! Et s'il y avait le moindre problème vous me prévenez immédiatement. Il pourrait y en avoir d'ailleurs, car il nous faudra...

DD parut interroger le commissaire du regard, mais il fournit lui-même la réponse :

— Six places. D'accord, Archange ?

Pour une fois, le boss n'avait pas l'intention de

mégoter ! Dans cette affaire-là, il fallait mettre le paquet, au risque d'un certain dépassement de son budget ! Mais on avait dû le mettre à l'aise sur ce point, et lui promettre les rallonges nécessaires. Dépenses exceptionnelles !

Géraldine, qui ne semblait vraiment pas au courant — et la chose était plutôt rare — demanda :

— La destination, monsieur ?

— Ah, oui, Toulouse...

La brune cavale posa sur Otta un regard comme lourd de reproche, pour demander :

— Il y aura sans doute des chambres à retenir ?

Se faire sauter par le commissaire, c'était son rêve, à Géraldine. Un rêve que le cher Archange se refusait à réaliser ; pas spécialement par fidélité à Marylin, non, plutôt par prudence. Après tout, si le mari de cette nana n'était pas spécialement jaloux, probable que le boss, lui, n'aurait pas apprécié...

Dupont-Dupond vérifiait quelque chose dans la plaquette annuelle de la chaîne *Ibis*.

— Pas de problème, dit-il, vous avez un hôtel sur la route de Berriac, à la sortie Est de Carcassonne.

DD se tourna vers Ottaviani :

— Dans la mesure du possible, Géraldine retiendra cinq chambres...

Otta dissimula un petit sourire, le boss mettait d'office Marylin sur ce coup.

De nouveau, DD leva les yeux vers sa secrétaire :

— Ce n'est pas tout. Vous louez trois voitures à l'agence Avis de l'Aéroport. Vous passez par la Tour Franklin, comme d'habitude (1)...

— Diable ! commenta Géraldine. C'est la mobilisation générale ! Ou bien c'est déjà la guerre ?

Elle eut droit à un regard sévère du boss.

— Evitez ce genre de question, mon petit. Et d'ailleurs, vous oublierez tout ça dès que vous aurez fait les réservations.

Spontanée, la môme, mais rompue depuis longtemps aux subtilités de son service. De plus, elle connaissait son patron sur le bout de tout ce que vous pouvez imaginer. Le moment venu elle saurait... si elle avait vraiment envie de savoir.

— Autre chose ? demanda-t-elle.

Son sourire ensorcelant s'adressait à Ottaviani, tandis que la question concernait assurément le boss. Celui-ci, d'ailleurs, répondait :

— Pas pour l'instant. Ne perdez pas une seconde et tenez-moi au courant.

Après un dernier regard en coulisse, Géraldine prit la tangente ; très machinalement Otta gardait les yeux rivés sur ses belles cannes, essayant de deviner ce que la mini-jupe ne faisait que suggérer avec une irritante perversité.

DD revint au commissaire :

— Emportez du matériel, car là-bas personne ne pourra vous dépanner. Je prends moi-même les dispositions nécessaires avec les services de sécurité d'Orly pour simplifier votre accès à bord.

Six personnes enfouraillées, difficile de leur faire passer le portillon-détecteur sans que ça se remarque, en effet. Quant aux valoches, les rayons-X ne pardonnent rien non plus !

(1) Siège administratif parisien de la société Avis.

Dupont-Dupond semblait rêveur, tout à coup.

— Au fond, de quoi vous plaindriez-vous ?... Carcassonne c'est tout près de Limoux ; et je crois que vous avez un faible pour la blanquette, non ?

— Pour le cassoulet aussi, monsieur. Et Castelnaudary en est la capitale.

Otta se souvint de l'issue d'une récente affaire (1), qui s'était terminée dans un temple de la truffe, des confits, et de la succulente spécialité audoise (2). De ce point de vue-là, même à Paris...

Mais déjà DD parlait d'autre chose :

— Le gardien, Archange ? Des nouvelles ?

— Pas encore. Marylin s'en occupe.

Le directeur hocha la tête :

— Souhaitons-lui un crâne solide... En tout cas, votre objectif est double, désormais.

— Certainement. Le dossier Berger c'est une chose, mais nous avons un compte personnel à régler avec les types qui ont sonné Mimile...

Et qui, de plus, les avait espionnés à leur insu pendant une petite heure.

— Vous emmenez qui ? demanda DD, sous-entendu : en dehors de Bastos et de Marylin.

— Robert Quessada, Roger Guyon et Michel Aubin.

— Vous me laissez donc Legros, Fernand Dur et Emile Laugier... D'accord. Mais si vous avez besoin de renfort, je vous les expédie par le premier Airbus en partance. N'hésitez pas.

Crédit illimité, quoi ! Ils y tenaient, tous, à leur

(1) Les Anti-Gangs n° 42 : « Pourquoi tuer un malabar ? ».

(2) *Lamazère*, 23, rue de Ponthieu. Roger Lamazère est un merveilleux magicien ; la preuve : il vous sert des truffes fraîches toute l'année !

foutu dossier! « Pour un peu, se dit le commissaire, on nous donnerait de l'artillerie! Et l'aviation! » Mais ça ne l'amusait pas plus que ça.

— Bon, allez vous préparer, maintenant.

Dupont-Dupond sourit, se décidant à un peu d'ironie, pour finir :

— Et n'oubliez pas de m'envoyer quelques cartes postales. L'Aude est une région attachante.

Le boss n'aimait pas rester sans nouvelles.

***

— Alors? s'enquit Marylin. On fait les valises?

Ottaviani referma soigneusement la porte avant de répondre. N'importe qui pouvait les entendre du couloir et ils boulonnaient top-secret, même si ça ne les faisait pas rire.

— On ne peut rien te cacher, bichette.

Bastos, qui prenait son mal en patience au fond de son vieux fauteuil préféré, tourna à peine la tête et un peu plus les yeux.

— Direction le midi, hein?... J'ai vu la météo, il y fait aussi froid qu'ici.

— On part à combien? demanda encore Sa Blondeur.

— « On »?... Qui a dit que tu étais du voyage? Tu as d'abord à t'occuper de ton fils, non?

Marylin ne marchait pas; elle savait que le petit Jean-Toussaint n'était pas un obstacle. Il avait une grand-mère, ce môme ! Et même deux ! Mais l'autre était en Corse, du côté de Sari d'Orcino.

— Bon, ça va, grommela Otta. Tu viens, et puis Santu, Roger, Robert et Michel.

— La crème, se marra Bastos. Ce qui se fait de mieux dans le genre !

— Merci pour les autres, renauda Legros.

— Vous, on vous garde en renfort. Vous êtes l'ultime recours !... Ça n'est d'ailleurs pas exclu, c'est selon la tournure des événements...

Legros siffla entre ses dents :

— Ce coup-ci, on ne regarde pas à la dépense !

— Faut ce qu'il faut, ironisa Bastos. La République est en danger. Alors on doit émarger sur les caisses noires, dans cette affaire.

Ottaviani s'énerva un peu :

— On fait notre boulot, c'est tout. Et vous devriez vous sentir un peu plus concernés, après ce qui nous est arrivé au Vésinet... Au fait, Marylin, tu as des nouvelles ?

Sa Blondeur répondit aussitôt :

— J'ai eu l'hôpital de Saint-Germain. Le vieux va s'en tirer. Même il récupérerait de façon étonnante.

— Tant mieux pour lui, dit Bastos.

— Viens ! lui dit le commissaire. On va le voir !

Il se tourna vers Sa Blondeur :

— Toi tu bats le rappel des partants et tu files boucler les valises.

— J'emporte une robe du soir ?

Otta faillit se mettre en colère, mais la miss plaisantait, et ça se voyait. Simplement elle était contente de partir avec « son homme » ;

chaque fois c'était un voyage de noces, plus ou moins mouvementé, il est vrai.

Dans la voiture, Otta et Bastos discutèrent de l'affaire. Piétri n'était pas surpris d'apprendre que Ducray du Mortay était de leur avis, en ce qui concernait cette deuxième et mystérieuse « équipe » qui traînait dans leurs jambes.

— Si on réussissait à se les faire, ces rombiers, ce serait plutôt sympa !

— Qui sait ! fit simplement Otta.

Par expérience, il savait que la vie d'un flic est pleine de surprises. Pas toujours bonnes, d'ailleurs. Elle était manipulée par qui, la concurrence ? Il eût été intéressant de le savoir.

A l'hosto de Saint-Germain, un toubib se précipita vers eux aussitôt qu'ils se furent annoncés :

— Docteur Lecout, c'est moi qui me suis occupé de M. Garrec.

— Qui ça ? fit machinalement Otta.

— Yves Garrec, l'homme agressé cette nuit, au Vésinet. Un méchant coup sur la tête !

Pas d'erreur, c'était bien leur client ; les flics savaient à présent son nom !

Ottaviani présenta l'inspecteur Piétri, se présenta lui-même ; formalités inévitables.

— Il paraît qu'il va mieux ? dit-il ensuite.

— Crâne de breton, c'est du solide ! plaisanta le toubib. N'empêche, si le coup avait porté, il n'aurait pas échappé à la fracture du crâne, avec toutes les conséquences imprévisibles.

— Il n'a donc pas porté ?

— Non, à cause des jambes molles, je suppose.

Devant l'air étonné des flics, le médecin ajouta :

— Garrec a dû fléchir les genoux à l'instant même où on le frappait ; une esquive de boxeur, mais certainement involontaire... Bref, il a saigné pas mal, mais juste quelques points de suture et il s'en sortira...

Tout en parlant, le toubib conduisait les visiteurs jusqu'à la chambre de la victime. Il les abandonna devant la porte :

— Il sera bientôt de retour chez lui. Bon, je vous le laisse...

Lecout eut un sourire ironique :

— Ne le brutalisez pas trop !

Yves Garrec, flottant dans une chemise blanche de l'hosto, avec son large morceau de sparadrap sur la tronche, paraissait encore plus rabougri que d'habitude. Certes, il n'avait jamais été très épais, mais là, il avait vraiment l'air d'une demi-portion. Ottaviani annonça la couleur, ce qui ne pouvait évidemment pas le surprendre :

— Oh, oui, la police... Je sais que c'est grâce à vous... Ou à vos collègues...

— Non, c'est bien nous. On a eu la chance de vous trouver dans votre cuisine.

— Ah, je l'avais bien dit à madame, que Conan et moi on commence à se faire trop vieux !

— Rassurez-vous, les voleurs n'ont pas eu le temps d'entrer dans la villa.

Les « voleurs » non, en effet.

— Et mon pauvre chien ! soupira Garrec.

— Il s'est fait du souci, c'est vrai, dit Bastos, mais nous lui avons laissé de quoi manger. D'ailleurs, la gendarmerie du Vésinet garde la propriété jusqu'à votre retour. Qui ne va pas tarder.

Bon, tout ça, c'était très gentil, mais les flics n'avaient pas fait le déplacement de Saint-Germain uniquement pour serrer la pogne du gardien. Rassurés sur son état, ils espéraient lui tirer quelques renseignements intéressants. Ils devaient très vite déchanter.

— Voir ? Oh, mes pauvres messieurs ! Qu'est-ce que j'aurais pu voir, dites ? Je venais de sortir le chien, et on rentrait tous les deux... Dans la cuisine il y avait un homme masqué — un bas de femme, je crois — qui m'a menacé d'un gros revolver... Ah, ça, j'ai eu une sacrée peur, oui !... Tout de suite il m'a frappé à la tête et je suis tombé...

Le gardien faisait un véritable effort pour rassembler ses souvenirs :

— Le sang m'aveuglait, vous savez. Le bandit m'a abandonné sur le carrelage. Quelqu'un lui disait de m'achever, vous vous rendez compte ?

— Très bien, malheureusement.

— Ça tournait, ça tournait... J'ai rampé jusqu'au téléphone, je voulais appeler au secours...

— Vous l'avez fait ; vous avez été très courageux.

— Ah, bon, je l'ai fait...

Une inquiétude bizarre traversa l'esprit de Garrec ; il demanda, l'œil froncé :

— Est-ce que j'ai raccroché le téléphone ?

— Non. Mais nous l'avons remis en place pour vous.

Maigre récolte. Garrec n'avait vu aucune voiture s'approcher, il ignorait le nombre exact de ses agresseurs, et bien entendu il n'était pas en mesure de donner le moindre indice. Cette visite à l'hosto, il fallait la faire, mais les flics avaient déjà compris qu'ils n'en tireraient rien.

Une infirmière entra, comme on aimerait en avoir sous la main dès le début d'une grippe. Sous la blouse blanche, le slip et le sous-tif emprisonnaient, en les soulignant, des rondeurs très aimables.

— C'est l'heure de la toilette, monsieur Garrec ! lança-t-elle d'un ton enjoué.

C'eût été celle de la sienne que messieurs les poulets se seraient peut-être attardés, mais le sex-appeal du gardien ne justifiait pas qu'ils perdent une minute supplémentaire.

Après quelques formules d'encouragement, ils quittèrent la chambre. Ottaviani regarda sa Citizen, toujours imperturbable, elle.

— Faut qu'on se magne, Santu... On finirait par louper l'avion !

Bastos appela Marylin au téléphone, pendant que le commissaire se faufilait hors de Saint-Germain. Sa Blondeur était fin prête.

— Dis-lui de ne pas oublier les lainages, Santu. Et puis mon eau de toilette.

— Ça risque pas ! dit aussitôt Marylin qui avait entendu. Je n'aime que les hommes qui sentent bon !

Elle n'ajouta pas mais elle le pensait intérieurement : « avec une légère persistance de l'odeur mâle ».

Legros et Dur firent les taxis pour conduire l'expédition jusqu'à Orly. Là, un lieutenant de la PAF les prit en charge. Il les conduisit directement à la salle d'attente, en passant par une entrée de service.

Ottaviani avait décliné l'offre d'un embarquement immédiat, en quelque sorte anticipé. C'eût été la meilleure façon de se faire remarquer.

En chemin, le gars de la PAF s'était étonné :

— C'est un vrai commando !

— Non, une délégation.

— Ah, bon ? Il se passe quoi, à Toulouse ?

— Le congrès des policiers en civil, avait répondu Otta.

Le lieutenant ne semblait pas convaincu :

— Vous n'aviez pas besoin de vos armes, alors.

On avait dû l'affranchir, pour simplifier les contrôles en cas de fausse manœuvre.

Ottaviani s'était permis de rire.

— Impossible, vieux. On a l'intention de détourner l'Airbus de Toulouse.

— Sur Bordeaux, avait gravement ajouté Bastos.

L'officier s'était décidé à comprendre qu'on n'était pas décidé à lui en dire plus :

— Bon, après tout ce sont vos affaires, avait-il murmuré, vexé.

— Exactement, lieutenant.

« *Les passagers du vol Air-Inter 247 à destination de Toulouse sont priés de se présenter porte A, pour embarquement immédiat. Vous êtes priés de ne pas fumer dans les couloirs d'accès.* »

— Toulouse, dit Marylin avec un sourire. Dommage que ce ne soit pas la saison des violettes.

— Il nous restera les saucisses pour nous consoler, fit Quessada gravement.

Il avait toujours eu l'âme d'un poète, ce mec.

Vingt minutes plus tard, l'Airbus attaquait dans un angle aigu le ciel embrumé de Paris, pour gagner rapidement son altitude de croisière. Une hôtesse expliqua le fonctionnement des masques à oxygène et des gilets de sauvetage.

— Encourageant, dit Michel Aubin, tu ajoutes les toboggans et les issues de secours, les extincteurs pour noyer les réacteurs en feu, et tu as pigé qu'on a tout prévu. Ou presque.

— Il déconne, dit Quessada en se tournant vers Guyon, c'est parce qu'au fond il a la trouille.

— Ça peut se comprendre. On fait trop de pub aux accidents d'avion. Si on parlait autant des pauvres gus qui se ratatinent au boulot, plus personne ne voudrait aller travailler !

La voix de la sagesse sortait de la bouche de Roger Guyon.

Marylin avait pris la main de son commissaire, pour la poser sur sa cuisse. Elle était bien comme ça, et il ne lui en fallait pas plus.

Pour l'instant.

CHAPITRE V

C'est à l'importance de son aéroport que l'on peut juger de la vitalité et du dynamisme d'une ville. Celui de Blagnac, dix kilomètres à l'ouest de la cité des violettes, témoignait de l'essor considérable pris par Toulouse qui fut l'une des principales places-fortes des Wisigoths.

Des Wisigoths, il n'y en a plus, mais on y trouve aujourd'hui pas mal d'ostrogoths, moins barbares que jadis, peut-être, et encore ce n'est pas sûr.

Mais la voyoucratie de Toulouse, ce n'était pas l'affaire d'Otta et de sa « bande » cette fois ; ils ne faisaient que passer aujourd'hui.

Au stand Avis, ils eurent droit à quelques regards curieux de la part des hôtesses ; une curiosité mal disciplinée certes, mais c'était la première fois qu'un télex de la Tour Franklin leur enjoignait de livrer trois voitures (en posant le minimum indispensable de questions) sans même demander la provision pour le carburant. Factures à envoyer au siège administratif. Les permis de conduire présentés n'indiquant pas de profession, les filles en rouge de chez Avis et leur chef d'agence devaient jouer par la suite aux devinettes. Les propositions les plus farfelues furent énoncées, quelqu'un alla même jusqu'à suggérer un groupe de rock.

Ça les aurait bien fait marrer, les poulets. Mais à ce moment-là, ils récupéraient au parking de l'aéroport une 205 GTI (130 CV, s'il vous plaît !), la bombe dont on ne se méfie pas mais qui déménage — et en cas de nécessité, ça peut rendre service — une R 21 et une BMW 520 I qui ne manquaient pas de ressource non plus.

Sur l'autoroute des Deux-Mers ils allaient s'en payer, par plaisir mais aussi par nécessité, car la nuit tombait vite en cette période de l'année. D'ailleurs ils remirent à plus tard le déballage à l'*Ibis*, dépassèrent Carcassonne — juste le temps d'admirer très brièvement cet extraordinaire témoin de l'Histoire de France et, même, d'avant la France, puisque les plus anciennes traces humaines relevées sur ce promontoire remontent au VIe siècle avant monsieur J.-C. — et le commissaire en tête, au volant de la BM, les trois voitures dégagèrent vers le Sud.

— Lève un peu le pied, chéri. On va se paumer !

Elle avait longuement potassé l'itinéraire sur la carte — et localisé le domaine des Berger — mais le paysage la déconcertait tout de même un peu. Seuls les chemins bien connus permettent de s'orienter sans trop d'effort.

— On va rencontrer bientôt la 118, dit Otta. Surveille à droite... Tiens : Limoux !

Il lui vint à l'esprit une flûte de blanquette fraîche et scintillante. Rien à faire ! On est obligé d'associer certaines choses : les calissons à Aix-en-Provence, les bêtises à Cambrai, le saucisson à

Lyon, le cassoulet bien entendu, et puis les putes à la rue Saint-Denis... C'est comme ça, quasiment un réflexe.

— Le temps est clair, dit Marylin, mais j'ai l'impression que ça caille de plus en plus.

Les flics n'avaient rien laissé au hasard ; ils s'étaient équipés comme pour le Grand Nord.

On se fait parfois des idées, sur le Midi.

*
**

— Je ne sais pas, dit à voix basse une brave femme aux yeux rougis, qui reniflait sans cesse, si monsieur Berger voudra vous recevoir.

Depuis que le malheur s'était abattu sur la Grande Bastide, la propriété familiale de Marie-Laure Berger, les fils avaient interdit toute visite. Mme Malvès, qui avec son mari assurait le fermage du domaine, ne pouvait évidemment pas l'ignorer.

Les visiteurs insistèrent, très polis, mais aussi très fermes. Ils s'étaient présentés quelques minutes plus tôt, manifestant un besoin impérieux de rencontrer l'un ou l'autre des fils Berger, sans plus attendre.

M. Noël était encore à Carcassonne, occupé à régler de tristes détails ; M. Jean-François était là, lui, mais il y avait les ordres...

— Nous n'ignorons rien des pénibles circonstances actuelles, reprit l'un des visiteurs. C'est même l'unique raison de notre présence.

— Je comprends, je comprends..., bredouilla Mme Malvès. Seulement...

En vérité elle ne comprenait rien du tout. Elle éprouvait un véritable chagrin, cette bonne dame, qui lui obscurcissait un peu l'esprit.

L'autre visiteur prit le relais :

— Nous ne tenons pas à importuner qui que ce soit, mais il s'agit de choses très importantes, graves même ! Et nous ne repartirons pas sans avoir rencontré quelqu'un.

Mme Malvès comprit cette fois qu'il en serait ainsi. Elle se moucha une fois de plus et haussa ses épaules rondes :

— Attendez un instant... Je vais voir...

Elle laissa les deux hommes seuls, debout dans le grand salon froid où elle les avait fait entrer à leur arrivée. Froid et presque glacial, car les radiateurs du chauffage central étaient fermés. Economie d'énergie. La Grande Bastide, avec ses pièces immenses, vous eût ruiné rien qu'en fuel.

Les visiteurs n'échangèrent pas un mot. Apparence correcte, la quarantaine impeccable, visages neutres mais plutôt sévères, il était certainement malaisé de les étiqueter.

Ils ne montraient aucune impatience et ne songeaient apparemment pas à s'asseoir.

Une porte s'ouvrit en grinçant un peu et un homme entra dans le salon. Il était à peu près du même âge que les visiteurs, pas très grand, simplement vêtu d'un gros pull gris et d'un pantalon de velours noir. Les traits tirés de son visage en accentuaient la minceur, rendaient plus profonde la sombre tristesse du regard.

A l'évidence, Jean-François Berger n'était pas enchanté de la visite de ces étrangers.

— Messieurs..., fit-il brièvement, en guise de salutation.

— Vous êtes... ? commençait l'un des hommes.

— L'aîné, Jean-François. Puis-je...

— Nos noms ne vous diraient rien, et ils n'ont aucune importance. Nous appartenons à la DGSE. Je ne pense pas qu'il soit indispensable de traduire ?

Une expression contrariée parut se poser sur le visage de Berger, le figer dans une dureté nouvelle. Les visiteurs en déduisirent que leur hôte était déjà sur la voie où ils voulaient le conduire.

— La DGSE..., articula Jean-François. Puis-je savoir en quoi je peux l'intéresser ?

— Naturellement. Croyez tout d'abord que nous sommes tout à fait désolés de vous importuner en de pareilles circonstances. Le moment, il est vrai, peut sembler mal choisi. Mais si ce n'était justement ces circonstances, nous n'aurions aucune raison d'être ici.

L'autre visiteur souligna :

— Nous ne souhaitons qu'une chose : vous débarrasser de notre présence le plus tôt possible.

Jean-François Berger montra des fauteuils.

— Nous serons mieux assis...

Puis il examina un court instant ses visiteurs en train de s'installer.

— Venez-en au fait, dit-il sèchement.

— Eh bien, vous avez raison, à quoi bon tergiverser ; il est plus intelligent d'aborder franchement ce qui nous amène ici : votre mère, Mme Françoise Berger, détenait divers documents relevant du « secret d'Etat ». Quand je dis « détenait », j'entends évidemment ce passé en fonction du terrible accident dont elle vient d'être victime.

— Ensuite ?

Le ton de Berger s'était encore durci.

— La disparition de madame votre mère est un événement qui peut avoir diverses conséquences... Parmi lesquelles l'une des plus regrettables serait que ces documents viennent à se retrouver dans des mains qui en feraient un mauvais usage...

Jean-François redressa son buste étriqué :

— J'aimerais que vous me précisiez ce qui, dans votre optique, constituerait un *mauvais usage ?*

Les visiteurs parurent se consulter rapidement du regard. La question de Berger était prévisible.

— Vous l'avez déjà compris, reprit celui qui semblait être le porte-parole, la publication de ces documents serait considérée, par les plus hauts personnages de l'Etat, comme une véritable... catastrophe.

L'homme fixa intensément son hôte.

— Comme une sorte d'atteinte à la sûreté de l'Etat, n'ayons pas peur des mots.

— Rien que ça ! fit Berger presque moqueur.

— Votre mère avait fini par se ranger à cette façon de voir les choses...

— Ce n'est pas la nôtre !

L'affirmation avait claqué, sans la moindre ambiguïté. Les « hommes de la DGSE » retinrent une grimace de contrariété.

— Ce qui signifie ? demanda l'un d'eux.

— Que la défense de la mémoire de notre père n'est plus aujourd'hui — et je dirai quand même hélas ! — le problème de sa femme, de notre mère, mais bel et bien le nôtre. Nous n'avons jamais accepté la thèse du suicide. On a, en haut lieu, feint d'y croire tout au plus !... Deux balles dans la tête, rappelez-vous... Un cas unique, mais pas totalement impossible, au dire des experts ! Quels experts ?

Jean-François Berger s'animait, s'excitait davantage d'une seconde à l'autre.

— Des gens nommés expressément pour accréditer la folle thèse du suicide...

— Il y a eu contre-expertise...

— Tout aussi orientée, personne n'en a jamais douté. François Berger était un homme intègre, il était croyant et aimait sa famille ; mais il a eu le malheur de découvrir que tout le monde, dans les milieux gouvernementaux, ne faisait pas preuve des mêmes scrupules... Alors il s'est suicidé, n'est-ce pas ! Un aveu de culpabilité ! Lui qui n'avait rien à se reprocher !... Et sur sa mémoire, ce crime commis sur lui-même est resté comme une tache indélébile...

Le ton de Berger devint pathétique :

— A présent, cette mémoire nous appartient et la tache est sur le nom dont nous avons hérité... Nous avons bien l'intention de la faire disparaître, même si cette lessive doit gêner pas mal de monde !

Jean-François se tut ; il tremblait des pieds à la tête. A la seule évocation du drame vécu par son père, il devenait un écorché vif.

Les visiteurs étaient, eux, de plus en plus contrariés. Ils ne s'attendaient pas à ce que leur mission soit des plus faciles, mais de là à rencontrer une telle obstination ! Les choses étaient bougrement plus compliquées que prévu.

Celui qui n'avait encore rien dit prit la parole :

— Objectivement, monsieur, il nous semble

que le problème n'est plus tout à fait ce qu'il était quand « l'affaire » a éclaté. Le temps, l'oubli, ont fait leur œuvre, on ne pense pas qu'il soit aujourd'hui indispensable de réveiller un passé dont personne ne se préoccupe plus... Votre souci, la démarche que vous envisagez sont certes légitimes, mais leur importance n'est évidente qu'à vos regards de fils, et de fils plongés dans un chagrin nouveau.

— Ce que « on » peut penser ne nous intéresse pas, fit brutalement Berger. Et nul ne nous dictera notre conduite, désormais.

— Nous souhaitons vous faire comprendre, reprit le premier homme, que nos ordres sont de récupérer le « dossier Berger », à n'importe quel prix.

Jean-François quitta son fauteuil d'un bond :

— Vous osez parler d'argent ! hurla-t-il. Quand il s'agit pour nous d'une affaire d'honneur !

L'autre ne parut pas s'émouvoir.

— L'argent n'est que *l'un des prix* envisageables, dit-il tranquillement.

— Alors vous me menacez ?

— Evitons les grands mots, voulez-vous ? Et ne croyez pas que nous considérions l'honneur comme un sentiment rétrograde... Nous croyons, par contre, que lorsqu'il s'agit de la raison d'Etat, la morale ordinaire doit être analysée à la lumière de paramètres différents... Que n'ont pas forcément besoin de connaître ceux qui sont la masse...

— Ceux qui sont « les électeurs » ! fit Berger d'un ton cinglant.

Les visiteurs se levèrent simultanément,

mais aucun ne commenta le dernier propos de Jean-François. Ils avaient l'air de regretter...

— Ne prenez pas de décision aujourd'hui, voulez-vous ? D'abord, votre frère a sans doute son opinion...

— Elle est le reflet exact de la mienne. Et sa détermination n'est pas moindre.

— Ah, vraiment...

On parla d'autre chose :

— Vous avez dans un premier temps de bien tristes obligations à remplir... Vous comptez rejoindre Paris quand ? Immédiatement après les obsèques ?

— Nous n'avons encore rien décidé. Mais notre mère aimait nous réunir ici, dans le domaine familial, à chaque Noël ; si elle peut nous voir d'où elle est, sans doute sera-t-elle heureuse de constater que nous respectons la tradition établie... Mais ce sera de toute façon un bien triste Noël !

— Eh bien, nous vous laissons le temps de la réflexion... Dans quelques jours, peut-être... Mais il est à craindre que vous ne soyez rapidement relancés par les journalistes. L'accident s'étant produit dans l'Aude, les journaux parisiens n'ont pas encore fait le rapprochement ; « Berger » n'est encore pour eux qu'une similitude. Cela ne durera pas.

— Promettez-nous, continua l'autre visiteur, de ne rien faire avant que nous soyons revenus vous voir. La disparition de votre père remonte à plus d'un an et demi, vous pouvez attendre encore quelques jours.

Jean-François Berger se dirigeait vers la porte du salon, précédant les deux hommes. Il se retourna, montrant un visage plus calme, mais affichant une inébranlable détermination :

— Revenez si vous voulez, messieurs, mais ce sera une démarche inutile. Que ce soit moi ou mon frère, vous obtiendrez toujours la même réponse : notre premier devoir c'est de réhabiliter la mémoire de notre père et, *quelles que soient les difficultés*, nous entendons bien ne pas y faillir.

— Dommage, soupira l'un des hommes.

— Oui, vraiment dommage, fit l'autre en écho.

Jean-François les raccompagna jusqu'au petit perron. Après quelques brèves salutations, les visiteurs s'éloignèrent et Berger revint sur ses pas. Il ne se retourna pas quand la voiture démarra, sans hâte et même avec une sorte de discrétion.

Le calme revenu n'était en réalité qu'une apparence. La démarche des hommes de la DGSE était sans aucun doute inquiétante ; à vrai dire, ni lui, ni Noël, ne l'avaient un instant envisagée, mais à la réflexion, elle lui semblait inévitable, compte tenu de la façon dont s'étaient déroulés les événements, des mois durant, après la disparition de leur père. Marie-Laure n'avait pas capitulé si facilement et les discussions entre eux prenaient presque des allures d'âpres disputes.

Mais c'était le passé, cela.

— Qui sont ces types ? Qu'est-ce qu'ils voulaient ?

Jean-François se retourna et regarda Noël avec un sourire contraint. Les deux frères étaient très différents l'un de l'autre, physiquement. Jean-François ressemblait plutôt à son père, Noël était indiscutablement à l'image de la disparue. A son retour de Carcassonne, ce dernier venait de croiser les visiteurs.

— Ces types ? répondit Jean-François. Ce sont des agents de la Direction Générale de la Sécurité Extérieure... DGSE, ça te dit quelque chose ?

— Forcément ! Ils voulaient quoi ? répéta-t-il.

La figure ronde, mais qui ne savait plus sourire, de Noël exprimait comme une crainte, la crainte de deviner déjà la réponse.

Jean-François confirma aussitôt son inquiétude. On commençait déjà à exercer sur eux des pressions ; mais peut-être cherchait-on seulement à les intimider, à les effrayer, au besoin.

Noël fit preuve de la même détermination que son frère.

— Des menaces, voilées ou pas, ne me feront pas changer d'avis, dit-il. Et je suis sûr que pour toi c'est pareil. Nous n'allons pas nous dégonfler. Papa ne l'a pas fait. Nous savons à quoi ça l'a conduit, c'est vrai, mais la situation est très différente. Nous sommes deux à nous battre, et deux à savoir ce qui pourrait arriver... Alors, ce ne sera pas aussi facile pour nos adversaires.

Noël prit son frère par le bras. Ensemble ils se dirigèrent vers l'escalier menant aux chambres.

— Je suis sûr d'une chose, Jean-François, si maman a eu le temps de réaliser qu'elle allait mourir, elle a sûrement regretté d'avoir abandonné le combat, de devoir retrouver papa après l'avoir d'une certaine façon trahi... Non, je ne lui en veux pas. Je peux même essayer de la comprendre...

— Mais tu n'as pas l'intention de faire pareil,

fit Jean-François d'une voix sourde. Moi non plus.

⁂

Il y avait déjà deux voitures arrêtées non loin de la grille par où l'on accédait à la Grande Bastide.

Ottaviani se gara derrière. Le reste de la caravane n'était pas encore arrivé.

— C'est bien ça, murmura Marylin.

Sur le côté gauche du portail en fer forgé — quelque peu rouillé, d'ailleurs — il y avait une table drapée de tissu noir galonné d'argent. Sur cette table un registre ouvert et une corbeille d'osier qui débordait déjà de cartes de visite.

Un léger souffle remuait parfois les plis du drap funèbre, dans une lumière de crépuscule qui finissait d'assombrir ce décor tragique de la mort.

Marylin frissonna en mettant le pied sur la route, mais ce n'était pas seulement de froid.

Le commissaire vint lui prendre le bras et ils se dirigèrent lentement vers la grille.

Une voiture les croisa. Ils ne lui prêtèrent aucune attention ; les deux hommes qui se trouvaient à l'intérieur ne s'intéressèrent pas davantage à eux.

Otta se pencha sur le registre, prit le stylo à bille très ordinaire qui se trouvait dessus, et fit mine de s'inscrire, à la suite d'autres « Famille Untel » « Monsieur et Madame Chose »...

Marie-Laure Berger était certainement très connue dans le pays. Elle en était originaire, il est vrai.

Un faire-part bordé de deuil indiquait l'heure et le lieu des obsèques de « Marie-Laure Berger, née Montclar, décédée dans sa 64e année... »

Un coup de vent plus brusque souleva un pan de la nappe noire, bordée d'une frange d'argent. Marylin la remit en place, puis regarda Otta :

— Qu'est-ce qu'on fait, Archie ?

— On ne risque pas grand-chose...

Le commissaire passait les alentours en revue. Le chemin bordé de peupliers qui conduisait à la Grande Bastide, le jardin broussailleux qui l'entourait d'une végétation sauvage, tout cela ne montrait guère de vie.

— ... Allons faire un tour par là, conclut Otta.

Bras dessus, bras dessous, ils franchirent la grille et remontèrent sans hâte l'allée herbeuse, parsemée de feuilles jaunies.

Jusqu'aux abords de la vieille bâtisse aux murs de pierre, par endroits recouverts de lierre, ils ne rencontrèrent personne.

Le court perron par lequel on accédait à la lourde porte de chêne de l'entrée avait quelque noblesse dans ses courbes. Devant, deux voitures stationnaient. Une Peugeot 405 toute récente, et une 504 qui, évidemment, datait un peu plus. En tout cas on était très Peugeot, chez les Berger.

— Il fera bientôt nuit, observa Marylin.

Pour contourner l'importante demeure ils pressèrent donc le pas, notant au passage les détails qui pourraient éventuellement leur être utiles plus tard.

De retour devant la façade principale, ils

remarquèrent mieux, l'obscurité venant, la lumière jaune, parfois vacillante, qui colorait deux fenêtres à petits-bois, juste au-dessus de l'entrée, au premier étage.

Derrière eux des pas brisèrent quelques brindilles. Ils se retournèrent, pour voir une femme d'assez forte corpulence, qui ne semblait pas souffrir outre mesure des rigueurs du thermomètre. Ses vêtements, plutôt rustiques, la donnaient à coup sûr pour une campagnarde.

— Ces messieurs-dames désirent quelque chose ?

— A vrai dire non, madame. Nous connaissions assez bien la disparue, vous voyez...

— Mais nous n'avions pas l'intention d'importuner qui que ce soit, ajouta Marylin. Nous avons lu à l'entrée, sur le faire-part, que la famille ne reçoit pas.

Elle montra les fenêtres où dansaient toujours des reflets dorés :

— Ils doivent être bien tristes, là-haut !

— Nous sommes tous très tristes, madame. Après la mort de monsieur... C'est une fatalité !

Mme Malvès se souvint brusquement :

— Au fait, j'allais oublier les bougies ! Il faut les renouveler bientôt... Excusez-moi, oh, là, là, je perds la tête !

La bonne femme repartit très vite, avec une agilité presque étonnante, de la part d'une personne aussi opulente.

Otta et Marylin n'avaient plus rien à faire là. Ils retrouvèrent la BM. Un chemin de campagne les ramena vers la route, où les copains attendaient.

Tout le monde s'entassa dans la tire d'Archange.

— Résumons, commença le commissaire. Les obsèques ont lieu demain à quatorze heures, et on peut prévoir qu'elles dureront un bon moment.

— Si tu en es sûr..., fit Bastos.

— Oui, et tu vas comprendre. En plus de l'office des morts, il est prévu une messe pour le repos de l'âme de la défunte... *Requiescat in pace.*

— Rien que la cérémonie au cimetière, ajouta Marylin, avec la foule qui suivra le cercueil...

— Bref, on aura tout notre temps, conclut Otta. Nous avons pu localiser la chambre où l'on veillait la disparue. C'est très certainement la sienne et, donc, celle qui nous intéresse au premier degré. Nous aurons le temps de régler plus en détail chaque moment de l'expédition. Pour l'instant, je ne pense pas que la *concurrence* puisse tenter quoi que ce soit.

— Peu probable en effet, reconnut Quessada, car il y aura des gens éveillés toute la nuit, à la Grande Bastide, et plus particulièrement dans la pièce où nous aurons à faire.

— Malgré tout..., insinua Bastos.

Aubin et Guyon ne disaient rien. Le premier parce que le froid de plus en plus vif lui gerçait les lèvres, le second parce qu'il avait en horreur toutes les sortes de cérémonies funèbres. Il disait volontiers qu'il ferait l'impossible pour ne pas aller à son enterrement.

— Oui, reprit Ottaviani. Malgré tout on va instituer un tour de planque, les enfants. Navrés, mais on ne peut pas se permettre de faire autrement.

— Ce serait arrivé au printemps!..., articula péniblement Michel Aubin. On se farcit les nuits les plus longues, en ce moment!

— Parce que c'est la période des jours les plus courts! ricana Guyon qui éprouvait le besoin de se marrer un peu.

— Vous préférez trois ou six factions un peu plus brèves?

Une unanimité se fit rapidement pour la première proposition. Le commissaire conclut :

— Dans ces conditions, on va tout de suite s'installer à l'*Ibis* et la première équipe, après avoir rapidement cassé la croûte, reviendra ici.

— Pourquoi « rapidement »? grogna Quessada.

Le grand Robert avait toujours peur de mourir de faim. Otta ignora la remarque et finit de donner les indications nécessaires à la planque.

Les trois bagnoles reprirent ensuite la route vers Carcassonne, sa ville basse et sa prestigieuse cité. A présent il faisait nuit noire.

« On y vient par sagesse, on y reste par plaisir », c'est la pub des hôtels *Ibis*. De fait, les flics ressentirent la douce chaleur, le confort et l'accueil amical que leur réserva le directeur, M. Izart, d'autant plus fortement que, dehors, la température n'en finissait pas de baisser. L'hiver s'annonçait rude, Bastos affirmait volontiers qu'il n'en serait que plus court.

Discrètement informé par la réception, Izart vint lui-même accueillir les six clients qui débarquaient; avec armes et bagages, on ne saurait mieux dire.

— La période précédant les fêtes, dit-il après les présentations, ralentit toujours un peu les affaires. Je vous ai donc réservé les cinq chambres que vous aviez demandées...

Le directeur attarda involontairement son regard sur Sa Blondeur qui, même emmitouflée dans une chaude parka, lui semblait tout à fait digne d'intérêt. Cinq hommes, une fille... Cinq chambres... Il se demandait sans doute laquelle partagerait cette chouette nana, et avec qui... Peut-être pensa-t-il à lui proposer la sienne, mais nul ne le saura jamais.

— Bien entendu, vos téléphones sont déjà tous branchés directement sur l'extérieur... Enfin, si je peux faire quelque chose...

Izart sourit aux yeux d'azur de la Ravageuse :

— N'hésitez pas à me demander, termina-t-il.

Avant de se retirer, le directeur dit encore :

— Je vous attends au bar pour l'apéritif, n'est-ce pas ?... A moins que votre emploi du temps...

— Mais non, ce sera très volontiers, répondit Otta. A tout de suite.

Ils prirent leurs clés.

— L'excellence de notre réputation nous a précédés, fit ironiquement Aubin.

— Mais non, c'est toujours comme ça, dans les *Ibis*. Dès qu'on est un peu connu, évidemment.

Bastos était modeste, lui.

Ottaviani souriait en douce. Le cinéma avec Marilyn, il se répétait à toutes les escales, ou presque ! Au fond, ça le flattait !

Une fois installés, Otta réunit une dernière fois ses troupes.

— Donc, aussitôt après le départ du cortège — prévu pour quatorze heures, mais il y a toujours du retard — on passe à l'attaque. Marylin, n'oublie pas ta carte de presse. Tu as la tienne, Santu ?... OK. Ça peut toujours être utile. Si, contre toute attente, il y a encore quelqu'un à la Grande Bastide pendant les obsèques, n'hésitez pas à vous en servir. Je pense que nous disposerons d'au moins deux plombes pour notre perquisition. Ça devrait être suffisant, car les cuisines et autres celliers ne nous intéressent pas vraiment...

— Peu de chance, en effet, dit Bastos, que Mme Berger se soit baladée un peu partout avec ce que nous cherchons. Il y a sa chambre, ses affaires... C'est évidemment par là que nous commencerons.

— Nous avons rencontré une bonne femme, intervint Marylin. Quelque chose comme une fermière... Il y a d'ailleurs une petite maison, entre une remise et un poulailler, où il y avait de la lumière. Et du linge qui séchait sur un étendoir.

— Des régisseurs ou des fermiers, ils seront forcément à la cérémonie, dit Bastos.

Ottaviani organisa les tours de planque. L'inspecteur Montagné refusa d'en être exemptée ; elle tenait à accompagner le chef. Et pas seulement pour flirter !

Ensuite le commissaire regarda sa Citizen préférée, pour constater :

— C'est l'heure de l'apéro, les enfants, ne faisons pas attendre monsieur le directeur.

— Je suis sûr qu'il languit déjà, murmura Marylin.

Quessada languissait aussi, mais parce qu'il avait lu, sur la carte du restau, qu'il y avait au menu du confit de canard avec des pommes rissolées.

Martini-Gin pour tout le monde ; M. Izart commanda des doubles. Quand il fait froid, il y a des mesures prophylactiques à prendre. Très vite, le directeur put déduire que le ravissant inspecteur blond était attelé au chef d'équipe. Peut-être fut-il en lui-même un peu moins déçu... Mais après tout ce ne sont là que perverses supputations. On peut être aimable sans arrière-pensée, merde !...

Izart installa tout le monde à table, recommanda les vins de l'Aude — et tout particulièrement un certain Fitou 81 que les flics connaissaient déjà — les foies gras et, bien entendu, le roi-cassoulet.

— Pour le soir, c'est un peu lourd, fit remarquer Marylin. Mais quelques tranches de foie gras...

C'est riche, chaleureux, et ça prédispose à des tas de choses...

Aux longues heures de planque, par exemple !

CHAPITRE VI

Le lendemain matin, grâce aux bienfaits d'un anticyclone, un air plus chaud venu d'Espagne fit remonter la température. Le soleil disparut rapidement, absorbé par un amoncellement de nuages gris. Quelques flocons descendirent bientôt de ce ciel plombé, dont les larmes tristes se congelaient en tombant.

Le décor le plus convenable était en place, pour le dernier voyage de Marie-Laure Berger.

Avec seulement dix minutes de retard le cortège quitta la Grande Bastide, en direction de Roufiac et de son cimetière, où les Montclar avaient un caveau de famille.

Les flics attendirent encore quelques instants, après la disparition de la dernière voiture, puis attaquèrent l'opération prévue.

Laissant Marylin en couverture à l'intérieur, avec tout l'équipement radio nécessaire, Otta entraîna ses hommes à l'assaut de la Grande Bastide.

Dans la maison du fermier il y avait de la lumière ; Guyon poussa une pointe jusque-là.

Derrière la fenêtre garnie de rideaux bonne-femme, à carreaux blancs et rouges, il y avait une cuisine. Et près de la cuisinière un fauteuil dans lequel se pelotonnait une vieille desséchée, au moins centenaire, les pantoufles sur une chaufferette électrique. Les mains de l'ancêtre tremblaient sur le tissu noir d'une jupe qui descendait jusqu'à ses pieds frileux ; elle devait somnoler, car elle piqua à plusieurs reprises du nez, vers sa maigre poitrine.

Roger rejoignit les autres :

— Il y a encore quelqu'un de vivant sur le domaine, murmura-t-il, mais sans doute plus pour très longtemps !... Enfin, le danger ne peut pas venir de là.

Ils gagnèrent la maison de maître. La lourde porte de chêne massif de l'entrée n'était pas fermée à clef. Ottaviani fronça les sourcils, mais ne fit aucun commentaire.

Suivant le plan prévu, les flics se séparèrent, pour parcourir silencieusement les couloirs du rez-de-chaussée, du premier et du second étage.

La Grande Bastide était bel et bien déserte.

Un bref regroupement, puis ils se quittèrent de nouveau, après une redistribution des secteurs à visiter. Otta s'était réservé la chambre mortuaire, qui était effectivement celle de Marie-Laure Berger.

Bastos l'accompagnait, et tous les deux ils faisaient une drôle de gueule. DD avait beau dire, la discipline était peut-être la discipline, ils ne pouvaient s'empêcher de penser qu'ils faisaient un sale boulot. La défense de la veuve et de l'orphelin, c'est pour les avocats (partie civile seulement), la lutte contre les voyous, c'est l'affaire des poulets... Mais ce qu'ils avaient à faire, eux, là, c'était quoi, exactement?... Ah, oui, ils volaient au secours de la République!

Dans la mesure, évidemment, où ils allaient enfin mettre la main sur le dossier Berger.

Une alcôve attira Bastos. Elle faisait office de penderie et un certain nombre de robes et de vêtements divers y étaient accrochés. Tout au fond deux grandes valises en peau de porc, vides. Elles portaient des étiquettes d'Air-Inter.

Piétri explora tout, dans les moindres détails sans négliger le plus petit carton. Puis il revint dans la chambre, dont le grand lit ne montrait plus qu'un drap immaculé, nu, à peine creusé en son milieu par le souvenir d'un corps.

Ottaviani s'occupait d'une majestueuse armoire rustique, le genre de belle ébénisterie qui défie les siècles. Rien que du bois de fruitier chevillé. A l'intérieur il y avait du linge de maison en quantité; des draps encore rugueux après de nombreux lavages, que l'on se transmet d'une génération à l'autre sans les user, des couvertures piquées, et sur une étagère qu'il occupait à lui tout seul, un de ces édredons gonflés de duvet, légers et si douillettement protecteurs qu'ils en sont inimitables.

— *O Sa!* Viens voir!

Pietri s'approcha. Le commissaire lui montra la plus haute étagère de l'armoire. Des piles de couvertures s'y serraient, soigneusement rangées, sauf une, celle qui se trouvait à peu près au milieu. Chaque pile assemblait quatre couvertures, alignées au carré, en revanche, il n'y en avait que deux au centre. Ces deux-là étaient même un peu de travers.

— Oui, et alors ? s'enquit Piétri. Qu'on ait pris deux couvrantes, ça t'excite ?

— Dans la mesure où on ne les a pas prises, répondit Otta. Regarde ici...

Il montrait un tabouret paillé, à droite de l'armoire, sur lequel deux couvertures grises à rayures roses avaient été en quelque sorte jetées. Pliées mais en désordre.

— *Comme si on les avait précipitamment retirées du haut de l'armoire,* Santu.

Bastos grimpa sur le rebord du meuble, pour glisser une main curieuse derrière les piles du haut. Il n'y avait aucun vide, derrière celles qui étaient bien rangées ; mais au centre, l'avancée des deux couvertures ménageait une certaine place libre.

Il redescendit.

— Rebelote ! Tu penses qu'on nous a refait le coup du tiroir, dans une version nouvelle ?

Otta se contenta de hausser les épaules.

— Seulement, continua Piétri, les choses ont pas mal changé depuis. Difficile de croire que Mme Berger n'a pas voulu laisser le dossier derrière elle, cette fois.

— Tu es con... Je pense aux fils, moi.

Pour le principe, Otta continuait de faire l'inventaire de l'armoire.

— Les fils avaient sans doute des raisons de ne pas laisser les documents traîner ici ; dans une pièce où des gens vont venir pour des motifs divers, mettre de l'ordre, faire un inventaire, est-ce que je sais !... Ecoute, l'histoire se répète, voilà tout. Mme Berger n'avait pas besoin d'une super-cachette, elle, puisque personne ne bougeait.

Les deux hommes finirent de passer la chambre au peigne fin. Il y a des choses que l'on sent très vite, Otta était déjà persuadé qu'ici ils ne trouveraient rien.

— Les chambres des fils, dit-il alors. Tous nos efforts de ce côté, Santu !

Ils y retrouvèrent Aubin et Guyon ; Quessada s'activait dans le salon-bibliothèque.

Après une bonne heure de recherche, ils durent se rendre à l'évidence et se réunirent dans le hall.

— On est marron, renauda Quessada. Ça devient positivement chiant ! Quel besoin elle avait, cette femme, d'imaginer des planques impossibles !

— C'est forcément elle, rumina Bastos.

— Elle n'a quand même pas creusé un trou dans le jardin, merde ! protesta à son tour Aubin.

— Faut pas pousser, Michel !

Mais le résultat était là : négatif !

— On fait quoi, maintenant ? On fouille encore ?

Ottaviani ne répondit pas tout de suite à la question du grand Robert. Il mata sa toquante qui, neige ou soleil, échec ou succès, continuait à mesurer le temps des hommes.

Il secoua la tête et sortit, de sous sa parka gris souris, de quoi prendre contact avec Marylin. Il tira l'antenne du walkie-talkie et appuya sur le bouton d'émission :

— Chérie, ça va ?

L'inspecteur Montagné ne répondit pas sur-le-champ et il répéta son appel.

— *Oui,* fit enfin la voix de Sa Blondeur, *mais ça pourrait aller mieux !*

— Pourquoi ? Tu as l'onglée ?

— *Quelque chose comme ça... Alors ?*

— Des nèfles ! C'est Vésinet-bis ! Pourtant, même dans les trous de souris, on a cherché !

— *Vous faites quoi, à présent ?*

La même question que Quessada deux minutes plus tôt ; cette fois le commissaire y répondit :

— Qu'est-ce qu'on peut faire ? Attendre le retour de la famille et poser la question ?...

— *Evidemment, si vous êtes sûr...,* fit Marylin d'un ton presque vaseux.

— De ton côté, ça baigne ? On peut venir franco ?

— *Hein ?... Oh, oui, ça ne craint pas.*

— Alors, terminé. On arrive.

Ottaviani replia son antenne :

— On se taille, les gars.

Il ajouta un ton plus bas :

— Encore plus cons qu'avant !

Les échecs, il ne pouvait pas les encadrer. Encore que, dans le contexte de cette affaire, il n'en ferait probablement pas une maladie.

Les flics repartirent comme ils étaient venus, sur la pointe des pieds, en courbant le dos sous la pluie fine qui, succédant à la neige, avait commencé de tomber.

Ils approchaient de la BM.

— Faut qu'elle ait vraiment froid, la môme, dit Quessada, pour s'être balluchonnée comme ça !

Dans le jour déclinant, la Ravageuse ne faisait qu'une boule informe, derrière la glace embuée de la portière.

— Oh, merde ! lâcha violemment Ottaviani en arrivant à la voiture. C'est quoi encore, ce cinoche !

Ils venaient de découvrir, quand Otta avait ouvert la portière du côté de Marylin, qu'elle avait les yeux bandés et les mains liées derrière le dossier de son siège.

— Ouf ! soupira-t-elle — on n'avait pas cru nécessaire de la bâillonner, elle. Je commençais d'avoir sérieusement mal aux épaules !

Sur les culs ils étaient, les copains.

— Mais, depuis quand tu es dans cet état ?

— Les cons, ils ont esquinté mon rimmel ! râla d'abord la miss. Quoi ? Depuis quand ?... Pratiquement depuis qu'on s'est quittés, à cinq ou dix minutes près.

— Ne restons pas là ! dit nerveusement le commissaire. Grimpez et on va chercher les autres tires.

En se glissant derrière le volant, il aperçut le walkie-talkie de la Ravageuse, tombé sur la moquette.

— C'est bien toi qui m'as répondu, tout à l'heure ?

— Ma voix est inoubliable ! ricana Marylin.

Au fond, elle était en rogne.

— Mais c'est pas évident de parler avec un flingue sur la tempe. Un mot de trop et on me « suicidait », moi aussi !

— Jamais je n'aurais cru à ce suicide, chérie, fit Otta d'un ton rageur.

Il mit le contact, laissa chauffer une minute le

moulin et passa la première. Seule une certaine brusquerie, très inhabituelle, traduisait la colère froide qui l'habitait.

— Raconte ! ordonna-t-il brièvement.

Mais il ajouta soudain :

— Comment ils ont fait pour t'avoir aussi facilement, dès qu'on a eu le dos tourné ?... C'est à peine croyable !

— Tu penses que j'ai fait la sieste ?

Elle était vachement vexée, Marylin.

— Je ne te reproche rien ! J'essaie de comprendre.

— J'aime mieux... Bon, c'est simple, je me suis fait avoir par les Pompes Funèbres.

— Eh ! On t'a cogné la tête ? s'effara Bastos.

— Ferme-la, merde ! Laisse-la s'expliquer !

— Bonjour madame, il me dit. Qui ? Un rombier en casquette noire, avec un « PF » d'argent aux revers du veston, tout de noir vêtu, cravate, pompes... Personne ne dit rien ? Je continue. Pompes et moustache ton sur ton, le bcbg funérailles de première classe.

— Tu as pensé que la maison Roblot (1) venait faire le ménage, ou quelque chose comme ça ?

Assise en biais, Marylin sourit à Bastos :

— Tu as tout compris, Santu. Le temps de me demander pourquoi il me causait et le décor a brusquement changé. Plus de sourire plein de compassion, mon gars venait de repérer le walkie-talkie, sur le siège de la voiture. On s'est tutoyé tout de suite ! Enfin, lui surtout, parce

(1) Société des pompes funèbres pour beaux quartiers et gens de la haute. Le nec plus ultra en matière d'enterrements, funérailles et autres réjouissances du même accabit.

qu'il tenait un calibre 9 mm qui autorisait toutes les familiarités. « — Tourne-toi ! Et bouge surtout plus ! ». Un autre gus — celui-là je ne l'ai même pas vu — s'est amené pour compléter la fête. Vous auriez fait quoi, à ma place ?

Tout en conduisant, Ottaviani attira la tête blonde jusqu'à sa bouche :

— Rétrospectivement, j'ai la trouille, avoua-t-il.

— Moi, ce n'était même pas rétrospectif. Et comme je me souvenais de Laugier, du gardien du Vésinet et que j'ai une certaine tendance aux migraines... je me suis fait toute petite, termina Marylin.

— Tu as très bien réagi, dit gravement le commissaire. Ces types ne t'auraient pas fait de cadeau.

On arrivait près des deux autres voitures, abritées sous les arbres d'un bois de pins.

— Retour à la base, les enfants, ordonna d'un ton sec l'Otta des mauvais jours.

Ils avaient besoin de réfléchir à tout ça ; et pour l'instant il n'y avait plus grand-chose d'autre à faire. Quand ça veut pas tourner rond, ça tourne carré, point final. Otta et les murènes avaient quelque chose en commun : une fois les dents plantées dans le morceau, il fallait leur couper la tête pour qu'ils lâchent prise.

Dans l'entrée de l'*Ibis*, M. Izart regardait en souriant le retour de ses hôtes. Il proposa :

— Grog ? Scotch ?

— Vous êtes sympa, d'ailleurs ce serait notre tournée... Mais d'abord une réunion sérieuse...

— Nos trois salles de travail sont à votre disposition. Vous y serez mieux pour discuter.

— Excellente idée, montrez-nous le chemin...

Les chambres sont claires et confortables, dans les *Ibis,* mais pour six c'est quand même un peu juste.

— Voilà, personne ne vous dérangera, dit Izart après les avoir installés.

— Pas de coup de fil ? s'enquit Ottaviani.

— Pas pour l'instant. Si cela se produit, on vous passera l'appel ici.

Le directeur se retira, sur un dernier sourire.

Ottaviani alluma une cigarette, et cette fois Marylin fit comme si elle ne voyait rien.

— Essayons de nous représenter ce qui s'est passé, commença-t-il. Le coup des pompes funèbres, ça ne s'improvise pas au dernier moment. C'est donc le truc imaginé pour pénétrer dans la Grande Bastide sans trop se faire remarquer. Après le départ du convoi, évidemment. Première question : s'agit-il de l'équipe sur laquelle on a déjà buté au Vésinet ?

— Oui à quatre-vingt-dix-neuf pour cent, dit Quessada.

— Je dirai quatre-vingt-dix-neuf virgule neuf...

D'autres oui renforcèrent les opinions exprimées par Robert et Aubin.

— Autrement dit, reprit Otta, ça fait deux fois que nous faisons le boulot à la place de ces cons !

— Ajoute que nous les renseignons aimablement sur l'inutilité des recherches, ironisa Bastos.

— Comment ça ? dit Guyon.

— Au Vésinet ils nous surveillaient de très près, ici ils ont profité du walkie-talkie !

— Ils ont même piqué les piles du mien, avant de se tailler ! ajouta Marylin.

— Donc, ces types s'amènent avec le look funèbre, continua Otta. Ils repèrent Marylin et, fort logiquement, décident qu'ils doivent savoir exactement ce qu'elle fiche là... La suite, nous la tenons de l'inspecteur Montagné elle-même ! Il ne restait plus à ces rombiers qu'à les mettre, avant que nous ayons levé le siège.

Le commissaire eut un rire désabusé :

— Pas d'erreur, on est les vraies pommes ! Et quand je dis pomme, c'est parce qu'il y a une dame !

— Où ça ? fit Sa Blondeur pour détendre un peu l'atmosphère. Oh, tu parles de moi !

Mais Otta n'avait pas vraiment envie de rire.

— Le pire de tout, dit-il, c'est qu'on est au point zéro... Parce que cette merde de dossier ultra-secret, on va la chercher où maintenant ? Je paye une sucette à celui qui peut me donner une bonne idée !

— Pour un lot pareil, sûr qu'on va déborder ! se marra Guyon. Bon, on réfléchit ?

— Nous autres on ne fait que ça ! grogna Bastos.

Marylin leva le doigt, comme si... Mais ce n'était pas pour aller au petit coin.

— Je me demande, commença-t-elle d'un ton hésitant.

— Eh bien, ne te demande plus et accouche !

Sa Blondeur ne s'offusqua pas. D'abord c'était déjà fait, et ensuite elle comprenait trop bien que le chef ait les boules. Et des boules, celles-là, qui étaient juste bonnes à le gêner.

— Une supposition que l'on aille poliment le

réclamer aux héritiers, ce fameux dossier ?

— Quoi ? firent simultanément quelques voix.

— Ben, oui. Les arguments de Dupont-Dupond ont fini par convaincre Archie de se lancer dans ce boulot merdique, non ?

— Tu n'oublies qu'une chose, c'est que les fils Berger n'ont autrefois renoncé que parce que leur mère avait déjà accepté d'étouffer l'affaire. D'après DD, ils n'attendraient plus longtemps pour rouvrir les débats. Sinon, en effet...

— Toi, t'es pas leur mère, reprit Marylin, mais ça ne veut pas dire que tes arguments auront moins de poids. Désolée, j'ai bien fouillé, c'est la dernière idée que j'ai en stock.

— En tout cas, intervint Bastos, ces papiers compromettants, nos concurrents ne les ont pas, cela me paraît évident ; nous non plus... Alors qui les a et où ?... On n'a pas pu visiter les greniers, c'est vrai, ni la maison du fermier...

— Il y a une possibilité, en effet...

Le ton d'Ottaviani n'était pas du tout convaincu. Il avait encore devant les yeux le désordre d'une armoire par ailleurs si bien rangée... D'abord le bureau Louis-XVI du Vésinet, à présent l'armoire campagnarde, il y a des similitudes dont l'éloquence n'est pas discutable.

On frappait doucement à la porte.

— Oui, entrez ! lança Otta.

Le directeur de l'*Ibis* se faufila :

— Désirez-vous que je vous fasse apporter à boire ?

Un murmure enthousiaste salua son offre. Les uns parlèrent de scotch, les autres d'apéros — il y eut même un thé-citron — mais une proposition rallia tous les suffrages, elle vint du gérant :

— Nous ne sommes qu'à une vingtaine de kilomètres de Limoux, ne pensez-vous pas...

— Génial ! Mettez tout de suite deux bouteilles !

Un vin pétillant, tonique et rafraîchissant, c'était très bon pour ce qu'ils avaient.

— Pourquoi seulement deux bouteilles ? s'étonna le grand Robert. La blanquette, ça se boit comme du petit lait !

— Mais ça n'est pas du petit lait ! corrigea Bastos.

— La troisième, on verra plus tard, trancha Otta.

Les travaux furent suspendus jusqu'à l'arrivée des bouteilles d'Aimery.

— Diaphane Brut 72 et Diaphane demi-sec... J'ai pensé que peut-être l'inspecteur Montagné...

— Elle boit surtout du gros rouge, rigola Guyon, mais pour une fois, elle se forcera !

Izart accepta de trinquer et se retira ensuite discrètement ; Otta avait presque dû se fâcher pour qu'il accepte de mettre les bouteilles sur la note globale. Pour une fois qu'ils jouissaient d'un crédit quasi illimité !

— Eh, oh ! du calme ! La récréation est terminée !

Le ton de la conversation commençait à monter.

— C'est peut-être un vin de fête, mais nous on y est pas, à la fête !

Il ajouta, pour lui comme pour les autres :

— Si seulement il pouvait exciter notre imagination, ce ne serait pas un mal !

Car, au bout de cinq minutes, ils se retrouvaient pratiquement à la case départ.

Le commissaire décrocha le combiné :

— On va voir ce que DD en pense, soupira-t-il.

Le téléphone de la salle de réunion n'était pas directement relié au réseau, Otta demanda donc à la réception d'appeler le Quai des Orfèvres...

— *Enfin!* s'exclama le big boss, aussitôt qu'il eut reconnu la voix d'Otta. *Je mourais d'impatience, vous savez!*

— Il faut bien mourir de quelque chose! ironisa le commissaire. Mais dans votre cas, c'est prématuré! L'impatience nous fait tous vieillir plus vite, ça c'est vrai!

— *J'hésite à comprendre, mon cher Archange. Etes-vous joyeux? Ou désabusé?*

— Retenez la deuxième proposition.

— *Ah... Expliquez-moi tout.*

— Vous aurez une sacrée note de téléphone!...

Naturellement, c'était le cadet des soucis de Ducray du Mortay.

A la fin du rapport d'Otta, il demeura silencieux un bon moment. Puis il reprit :

— *Archange, avez-vous un plan?*

— Même pas l'ombre d'une idée, monsieur.

Un aveu qui lui coûtait un max, à Otta.

— On a un moment envisagé..., commença-t-il.

Mais il ne se décidait pas à aller plus loin.

— *Dites toujours. Au point où nous en sommes!*

— Attaquer directement les fils Berger. Les travailler — par le raisonnement, je veux dire — jusqu'à ce qu'ils comprennent qu'il y va de « l'intérêt supérieur de l'Etat et de la Nation »!

Le commissaire s'attendait à un rejet sarcastique de cette éventualité; il eut droit au contraire :

— *Eh bien, Archange, c'est à ça que je viens de*

penser, moi aussi. Nous sommes convaincus que madame Berger avait emporté le dossier réuni par son mari... Nous avons toutes les raisons de penser que les hommes que vous avez retrouvés sur votre chemin ne sont pas plus avancés que nous, conclusion : les fils sont en possession des documents. Or je ne vois pas comment vous pourriez refaire une perquisition à la Grande Bastide ; dans ces conditions...

Dupont-Dupond s'interrompit brusquement, après avoir lancé un bref « Je vous reprends tout de suite, mon cher ami ! » Otta eut le temps de l'entendre s'exclamer, puis plus rien.

Cette fois, le silence se prolongea beaucoup plus d'une minute. Quand DD se manifesta de nouveau, il semblait vachement excité :

— *Je viens de recevoir une étonnante nouvelle, mon cher Archange !*

— Ah, oui ? D'où ça ?

— *Vous allez rire — ou plutôt non, je ne crois pas que vous trouviez cela très drôle — de Carcassonne ! Que ce soit moi qui vous parle de ce qui vient de s'y passer n'a rien de paradoxal. Vous en conviendrez facilement...*

Le boss aimait bien faire des phrases ; Otta avait une sacrée envie de le pousser aux fesses pour le faire avancer un peu plus vite. Mais l'essentiel finit tout de même par venir :

— *L'aîné des fils Berger a disparu !*

— Oh, merde !

— *Comme vous dites, mon cher.*

Ottaviani répercuta l'information à la ronde. La stupéfaction fut générale.

— Il a su la chose comment ? s'enquit Marylin.

— On a l'air fin, nous qu'on est sur place ! fit ironiquement Bastos.

— *Vous vous demandez comment...*, disait DD. *Oh, c'est tout ce qu'il y a de simple. Le commissaire central de Carcassonne vient de m'appeler. Noël Berger, le fils cadet, lui a signalé cette disparition il y a moins d'un quart d'heure.*

Dès qu'on prononçait le nom de Berger, décidément, tout le monde avait peur de perdre pied dans une flaque ! Le central de Carcassonne avait aussitôt ouvert le parapluie !

Pas con, ce mec.

— *Jean-François Berger a quitté le cimetière avec sa propre voiture, et il n'est jamais arrivé à la Grande Bastide. La famille a mis un certain temps avant de s'inquiéter...*

Ottaviani bigla sa Citizen :

— Il est peut-être encore un peu tôt, non ?

— *Son frère assure que non. Jean-François devait simplement ramener chez elle une vieille parente qui ne se déplace que très difficilement. Il l'a fait, Noël a vérifié. Et il revenait, quand il m'a appelé, de refaire le parcours normal que son frère aurait forcément dû emprunter.*

Evidemment, tout de suite après avoir mis sa mère en terre, il était impensable que Jean-François se soit longuement attardé où que ce soit !... D'autant qu'il est d'usage en province, que tous les parents se regroupent après la cérémonie.

— Admettons que cette disparition soit réelle, dit Ottaviani. Qu'avez-vous décidé, monsieur ?

DD tenait sa réponse prête :

— *J'ai félicité le central de Carcassonne pour son initiative,* répondit le boss. *Ensuite je l'ai encou-*

ragé à se tenir à l'écart de l'affaire, parce que j'avais déjà des hommes sur place. Il s'est montré tout ce qu'il y a de compréhensif ! Je crois même que ma suggestion lui convenait parfaitement ! Mais il est tout disposé à vous prêter main-forte, si la chose s'avère indispensable.

Petit rire ironique de DD, puis :

— *Cet excellent policier s'appelle Louis Maigrot... A une lettre près, il travaillait pour Simenon !*

— Désormais la situation est donc claire, dit Otta. Et cette complication nous simplifie un peu la vie.

On n'en était plus à un paradoxe près.

Il reprit :

— Mais cela modifie quand même un peu le dernier plan envisagé.

— *La pressante démarche pour récupérer le dossier ?*

— Dans la mesure où Jean-François Berger a été réellement kidnappé — il me semble que l'on ne peut encore écarter définitivement l'hypothèse d'un accident ou d'un détour qu'il aurait fait à l'insu de sa famille — s'il est certain, donc, qu'il a été enlevé, il importe d'abord de savoir pourquoi.

— *Et sur quoi porterait la revendication des gens qui l'auraient en otage ? Oui, c'est juste.*

Ducray du Mortay prit une voix grave :

— *Soyez plus vigilant que jamais, mon ami.*

Les flics n'avaient jamais cessé de l'être ; la recommandation était superflue.

Ottaviani, parce que cette affaire prenait désormais une tournure résolument criminelle, se sentait davantage à l'aise, en paix avec lui-même. Comme quoi les pires choses peuvent encore présenter un aspect positif. Il suffit de le vouloir.

Optimisme ? Pas seulement. Un spiritualiste appelle cela la « pensée juste »...

Et un flic qui pense juste, c'est l'idéal, non ?

CHAPITRE VII

— On sait à peu près tout, remarqua posément Quessada, mais seulement à peu près.

En quelques phrases, le commissaire résuma les derniers propos de DD.

— Donc, conclut Aubin, on cesse d'être de vilains clandestins, c'est ça ?

— Seulement en ce qui concerne la disparition de Jean-François Berger. Il sera toujours temps, ensuite...

— Quand on y verra un peu plus clair ?

— Exactement. Si le fils aîné des Berger a été kidnappé, ce n'est pas pour des prunes.

Bastos avait quelque chose à demander :

— Qui a fait ça, selon toi ?

— Voilà une vraie question, Santu. On peut y réfléchir, à la lumière de ce qui est arrivé à Marylin par exemple. Informés de l'échec de nos recherches, les pseudo pompes funèbres ont-ils eu le temps de se retourner assez vite pour tendre un piège à Jean-François ?

— Rien n'interdit de le penser, dit Marylin.

— Le piège pouvait d'ailleurs être très simple, intervint Quessada. Obliger une bagnole à stopper, c'est pas un tour de force.

— Il se peut que ça n'ait même pas été nécessaire. Jean-François a raccompagné chez elle une vieille parente. Il suffisait de l'attendre à la sortie.

Guyon semblait admiratif :

— En tout cas, chapeau ! Ces types sont des rapides ! Demi-tour et en-avant-marche !

— Ils l'ont déjà prouvé, observa le commissaire. Puisqu'ils sont venus du Vésinet pratiquement sur nos pas. Et vicieux, aussi ! Le coup des faux croque-morts, c'est simple et de bon goût.

— Je ne sais pas, je n'en ai jamais mangé !

La douteuse astuce de Roger tomba à plat.

— Quant aux choix des moyens..., soupira Otta.

— La liberté du fils Berger contre les documents, ça se tient, reconnut Aubin.

Il paraissait subitement rêveur :

— Nous c'est pour empêcher leur publication... Je suppose que, eux, ils ont l'intention de les diffuser. Mais qui risque d'être éclaboussé ? On n'en sait rien.

— Quand les scandales fleurissent, dit sentencieusement Marylin, on ne sait pas toujours tout de suite à qui est destiné le bouquet.

— Jolie formule, fit sincèrement Bastos. Tu me la mets de côté, poulette.

Silencieux, Otta s'absorbait dans la contemplation de la bouteille de blanquette ; en vérité il ne la voyait pas. Puis il regarda son poignet et soupira longuement :

— On ne peut pas toujours rester où il fait bon... Je vais faire un tour à la Grande Bastide. J'emmène Michel... Avec Roger c'est lui qui a le plus dormi la nuit dernière.

— Comment « avec moi » ! protesta Guyon. On couche pas ensemble, merde !

— Non. Mais vous étiez en planque, ensemble.

Marylin bâilla discrètement.

— Je vais me reposer un peu jusqu'au dîner, dit-elle. Ça ne me fera pas de mal.

C'était pas la gonzesse à faire des manières, la Ravageuse, pas chichiteuse pour un rond. Seulement elle avait fait son plein d'émotions, ce jour-là. Tous ceux qui sont restés une heure (ou même moins) avec un calibre posé sur la tempe savent quel effet ça peut faire. On ne peut alors que laisser l'effet se faire mais, pas d'erreur, on les serre (1) !

Quand ils arrivèrent à la Grande Bastide, Otta et Michel Aubin trouvèrent la grande grille toujours ouverte. A la porte de la maison, en revanche, ils durent sonner ; une clochette à l'ancienne, au timbre un peu rouillé, qui s'entendait de loin.

Ils n'attendirent pas très longtemps. Une lanterne s'alluma d'abord à l'extérieur, au-dessus de l'entrée, puis le battant de chêne pivota.

— Police, dit immédiatement le commissaire.

— Oh, oui ! Entrez.

Un brouhaha envahissait le hall, venu d'un grand salon dont la porte était restée ouverte.

Le garçon qui venait de recevoir les flics — et c'était plutôt un homme jeune qu'un jeune homme — les guida vers une pièce plus petite, assez sommairement meublée.

— Je m'excuse de si mal vous recevoir, mais à côté il y a toute la famille...

(1) L'hermétisme de cette dernière phrase n'est qu'apparent. Simple question de prononciation.

— Aucune importance.

— Je suis Noël Berger. Avez-vous des nouvelles ?

Le ton du gars était anxieux. Otta eut un geste vague... Pouvait-il lui avouer qu'il venait justement pour lui en demander ?

La gendarmerie du coin poursuivait ses recherches. Et probablement aussi Louis Maigrot, le central de Carcassonne. Mais si les uns ou les autres avaient repéré quelque part ne serait-ce que la voiture de Jean-François, nul doute qu'ils eussent déjà téléphoné à la Grande Bastide.

— Commissaire principal Ottaviani... Voici l'inspecteur Aubin. Nous appartenons tous deux aux services de police parisiens...

— Ah, oui.

— Cela ne semble pas vous surprendre, que l'on soit venu de la capitale ?

— Je m'y attendais un peu. Garrec nous a appelés, vers midi. Notre malheureux gardien venait à l'instant de rentrer aux « Aulnes ». Nous savons donc ce qui s'y est passé. Et je suppose que, si vous êtes ici...

— Parfaitement raisonné, dit Otta.

Cette déduction l'arrangeait plutôt.

— Je suis heureux pour votre employé, reprit-il. Nous l'avions vu avant de quitter Paris ; et déjà son état n'inspirait plus d'inquiétude.

— Il s'agissait sans doute d'une tentative de cambriolage ; d'après ce que nous a dit Yves, elle aurait avorté.

— Absolument, je puis vous le confirmer.

Les trois hommes prirent place sur des sièges paillés, autour d'une table cirée.

Ensuite, le cadet des fils Berger confirma les propos de Ducray du Mortay. La seule chose qu'il ajouta concernait sa certitude de l'enlèvement. Jean-François, une fois la vieille tante ramenée chez elle, n'avait d'autre intention que de regagner au plus tôt la Grande Bastide. Depuis le temps, et où qu'il eût été en panne, Jean-François aurait à présent donné signe de vie... Noël en était totalement convaincu.

Un point de vue que le commissaire ne songeait pas un instant à discuter.

— Il y a autre chose, continua Berger.

Il paraissait un peu gêné, brusquement.

— Autre chose ?... C'est-à-dire ?

— Eh bien, voilà. Je suis persuadé que, cet après-midi, pendant notre absence, notre demeure a été fouillée. Avec beaucoup de précautions, il faut le reconnaître, mais je suis très observateur et je suis sûr de ce que j'avance.

Encore une révélation que Otta n'avait pas l'intention de contredire. Elle venait à point nommé.

— Fouillée, dites-vous ?... Diable !

— Oui. La chambre de notre pauvre mère, c'est sûr, et puis la mienne aussi.

— Qu'est-ce qui vous fait croire...

— La mienne ? Des tas de petits riens. Sentis plus que vus, peut-être. Mais chez maman... Il y avait deux couvertures sorties de l'armoire à linge, et abandonnées sur un tabouret. Je suis certain qu'elles n'étaient pas dehors quand nous avons quitté la chambre... mortuaire.

— Quelqu'un a pu retourner dans cette pièce, non ?

— Pour prendre deux couvertures dans l'armoire ?

Otta songeait à une autre raison, sans cela il eût reconnu que sa question était stupide.

— Savez-vous ce que l'on cherchait ? demanda-t-il d'un ton très innocent.

L'hésitation de Noël ne pouvait passer inaperçue. Le garçon prenait le temps de réfléchir.

— Vous savez, fit doucement Aubin, nous pouvons tout entendre. Et l'on peut nous faire confiance.

— Oui, admit enfin Berger. Je le sais très bien.

— Alors, éclairez notre lanterne.

— Il s'agit de pièces, de documents importants, tout un dossier... Des policiers parisiens ont forcément entendu parler de l' « affaire Berger » !

Ottaviani confirma d'un mouvement de tête.

— Ce dossier était ici, notre mère ne le laissait jamais quand elle quittait le Vésinet pour plus d'un jour. Ça lui arrivait rarement, à vrai dire. Et c'était toujours pour venir à la Grande Bastide.

De voir ses hypothèses confirmées ne réjouissait que très modérément Ottaviani. Il demanda :

— Vous pensez que c'était dans l'armoire...

— En principe oui.

Noël venait de se montrer moins catégorique.

— Pourquoi « en principe » ? interrogea Otta. Parce que vous pensez que les gens qui ont fouillé votre maison l'ont trouvé, ce dossier ?

— Peut-être. Je ne sais pas...

— D'où vient votre incertitude ?

La question d'Aubin était précise. Noël se tourna vers lui, l'œil un peu vide, comme s'il cherchait la meilleure réponse à faire.

— C'est à cause de Jean-François, finit-il par dire. Dès hier il voulait trouver une meilleure place pour ce dossier.

— Hier ? s'étonna le commissaire. Attendez une seconde... Hier vous ignoriez encore tout de ce qui s'était passé aux « Aulnes ».

— Heu... Oui...

Yves Garrec, Noël l'avait révélé au début de cet entretien, ne leur avait téléphoné qu'aujourd'hui, vers midi.

— Vous n'aviez donc encore aucune inquiétude particulière, à propos de la sécurité des documents réunis par votre père... C'est bien le cambriolage du Vésinet, même raté, qui a suscité de nouvelles craintes ?

Noël Berger ne répondit pas. Il se tassait sur son siège, comme pour reculer devant l'assaut discret que lui livrait le policier.

Ottaviani se fit amical :

— Vous traversez une bien mauvaise passe, et nous ne sommes ici que pour vous aider. Ce qui vient d'arriver ne nous permet pas d'attendre, nous sommes bien obligés de vous bousculer un peu. Mais ce n'est pas le moment de nous cacher quoi que ce soit. Et les moindres détails ont leur importance.

Diminué par le chagrin et, à présent, ravagé par l'inquiétude, Noël Berger ne put résister davantage aux arguments d'Ottaviani.

— Nous avions d'autres raisons de craindre, avoua-t-il. Dès hier... En fait, c'est Jean-François qui a reçu les hommes de la DGSE...

Otta reçut cette information comme un pavé sur le crâne. Il s'effara :

— De la quoi ?

— Direction Générale de la Sécurité Extérieure... dit le cadet.

— Oui, je sais, je sais...

La définition était superflue.

Aubin était tout autant estomaqué. Que venait faire à présent la DGSE, dans cette histoire ?

Ottaviani manifesta un doute :

— Ces hommes se sont *prétendus* de la DGSE, mais ont-ils justifié cette appartenance ?

Avec une carte d'espion ? Noël regarda bizarrement le commissaire ; elle existait peut-être, cette carte. Il se contenta de répondre que, n'étant pas à la Grande Bastide à ce moment-là, il ne savait rien de plus que ce que son frère lui en avait dit. Et il avait essentiellement parlé de l'objet de cette visite.

— Et c'était ? fit curieusement Otta.

Il croyait connaître la réponse.

— Récupérer le dossier, naturellement, afin d'enterrer définitivement l'affaire Berger.

— Ce qui n'était pas votre intention ?

— Au contraire ! affirma Noël péremptoire.

Les flics échangèrent un regard rapide. Bon, un problème à la fois. Pour le moment les papiers redoutés étaient quelque part dans la nature.

— Jusque-là, reprit Otta, c'était dans l'armoire à linge de votre mère que...

— Oui. Et c'est aussi dans sa chambre que...

La voix du garçon eut comme une faiblesse.

— Je veux dire, reprit-il, que jusqu'à cet après-midi il y a toujours eu du monde près du lit.

— Et hier aussi, naturellement ?

Noël approuva de la tête.

— Donc, votre frère n'aurait pu...

— C'est peu probable, en effet.

— Comment se présentent ces documents ?

— Ils sont enfermés dans un classeur toilé, fermé par une attache à boucle...

— Bon, je vois... Autre question : votre frère aurait-il pu revenir dans la chambre tout de suite après la levée du corps ? Avant le départ pour l'église ?

D'abord surpris, Berger réfléchit rapidement :

— Ce n'est pas impossible, bien sûr, mais cela ne lui aurait pas laissé le temps de trouver une meilleure cachette. D'ailleurs...

— Vous avez vous-même cherché depuis votre retour je suppose ?

— Oui, c'est ce que j'ai fait en découvrant que le classeur n'était plus dans l'armoire...

— Je pense pourtant, reprit Ottaviani, que c'est bien votre frère qui a déplacé ce dossier.

De nouveau Berger se perdit dans ses pensées.

— Après tout, c'est possible. Il redoutait certainement de le laisser dans une maison totalement déserte, après ce qui est arrivé aux « Aulnes »...

Soudain il s'anima :

— Oui, et cela cadre bien avec la fouille... Son enlèvement, je veux dire. Parce qu'on a rien trouvé ici, on s'en est pris directement à Jean-François !

Amalgame inévitable, dont les flics démêlaient facilement les défauts, les faiblesses ; mais ils n'avaient pas l'intention d'en discuter.

— Je suppose, reprit ensuite Noël, que les ravisseurs nous proposerons bientôt un échange... Car si mon frère avait eu le classeur avec lui, on l'aurait déjà relâché.

« Plus ou moins vivant » songea Otta. Mais c'était encore une chose à ne pas dire.

— Ce que je ne comprends pas quand même, c'est pourquoi les hommes de la DGSE en sont arrivés à une telle extrémité.

Les flics évitèrent de se regarder. Noël poursuivit :

— Puisqu'ils devaient revenir dans quelques jours, pour connaître notre décision quant à la relance de l'affaire... Ils pensaient, paraît-il, que je me laisserais peut-être convaincre et que je persuaderais Jean-François de renoncer. Mais il est vrai aussi que mon frère a souligné que notre intention était irrévocable. Qu'ils perdraient leur temps à revenir chez nous.

Ottaviani hocha la tête et se leva :

— Monsieur Berger, à votre place je continuerais quand même à chercher. Et même dans les endroits les plus saugrenus. Nous allons vous laisser. Bien entendu, si les ravisseurs prennent contact avec vous, écoutez-les, mais de votre côté restez dans le vague... S'ils font état du dossier, ne leur dites surtout pas que vous ne savez pas où le trouver !

— Ce serait dangereux pour Jean-François ?

— De plusieurs façons, certainement.

Otta refermait soigneusement sa parka.

— Et bien entendu vous nous faites part sans perdre une seconde de ce que vous aurez appris. Vous appelez l'hôtel *Ibis*...

— A Carcassonne ?

— Oui, c'est ça. Il y aura toujours quelqu'un pour prendre votre message.

— Mais, la police locale ?

— Pour l'instant c'est nous.

Le commissaire tendit sa main :

— Bonsoir, monsieur Berger. Soyez sûr que nous allons faire le maximum...

— Je vous remercie.

Il était bien poli, ce jeune homme.

A peine enfermé dans la bagnole, Otta explosa :

— De ma putain de vie je n'ai jamais connu un aussi merdique merdier, merde !

Ce n'était certainement pas le moment de lui faire des chatouilles, au chef !

Il donna de grands coups d'accélérateur, affolant l'aiguille du compte-tours puis, un peu soulagé, il se tourna vers Aubin :

— Qu'est-ce que tu en penses, Michel ?

— Qu'on n'avait vraiment pas besoin de la DGSE dans nos pattes !

— DGSE, mon cul ! grogna le commissaire.

A l'*Ibis*, Bastos et Quessada montaient vaillamment la garde, sur un tabouret du bar. Ils s'étaient fait préparer des « G'men » par le barman : deux tiers, Martini rosé, un tiers, scotch — du Glenn Deveron, ça pouvait aller ! — et un trait de liqueur de fraise des bois ; un zeste d'orange, seulement pressé, pour couronner le tout... Les virus, quels que soient leurs pays d'origine, n'avaient aucune chance de s'en tirer. Malgré sa mauvaise humeur, ou peut-être à cause d'elle, Otta commanda la même chose.

Il but son godet un peu vite.

— Ça presse, on dirait ? remarqua Bastos.

— C'est plus des boules que j'ai, c'est des montgolfières... Et pourtant, ça plane pas pour moi !

— Autrement dit, ça ne gaze pas, dit finement Robert. Bon, te fâche pas, Archange !

Le regard sombre d'Otta l'avait réfrigéré.

— On monte ! décida brusquement celui-ci.

— Je vais chercher Roger ? demanda Aubin.

— Oui, on se retrouve dans ma piaule. On se serrera, tant pis !

Se serrer sur le pageot à côté de Sa Blondeur, ce n'était jamais désagréable.

Otta frappa à sa porte.

— Une seconde, je suis à poil !

— Raison de plus, grommela le commissaire.

Il y avait longtemps qu'il était privé d'un spectacle agréable. Bien sûr, il ne pensait pas à la bagatelle, mais la simple vue des charmes délicieux de la Ravageuse, l'idée que, le moment opportun venu... C'était bien un truc à vous remonter le moral.

— Les autres arrivent, jeta rapidement Otta.

Marylin rit doucement.

— Tu fais bien de m'avertir.

Et elle s'enferma dans la salle de bains.

— J'ai l'impression que ça ne va pas comme tu veux ! lança-t-elle avant de faire couler la douche.

Otta fit une grimace ; c'était le moins que l'on puisse dire !

Les autres se pointèrent peu après et le commissaire ouvrit la séance :

— Michel, tu fais le compte-rendu.

Une façon, pour Otta, de réfléchir au fur et à mesure. L'évocation de la DGSE plongea tout le monde dans une véritable stupeur.

— DGSE ou pas, intervint alors Otta, une chose est malheureusement sûre : il y a une troisième équipe sur le coup !... Et ça, croyez-moi, c'était pas prévu !

— Peut-être quatre, fit doucement Bastos.

Tout le monde le regarda comme s'il venait de proférer une énorme énormité, que Marchais aurait démissionné en faveur de Juquin, par exemple.

— Dis donc, Santu, tu cherches à foutre la merde ou quoi ?

Piétri savait que son vieux pote n'avait pas de mauvaise intention. Il ne se vexa pas.

— Non, je réfléchis seulement, répondit-il. En faisant l'inventaire on trouve : nous, les doublures des pompes funèbres et, entre guillemets, la DGSE... D'accord ?... Bien. Les gars spécialistes de l'espionnage urbi et orbi ont bien dit qu'ils allaient revenir voir les frangins Berger après les obsèques ?

— Ils l'ont dit, si l'on en croit Noël.

— Alors, pourquoi enlever Jean-François ?

— Et mes braqueurs ? protesta Marylin.

— Je ne les oublie pas, et je veux bien admettre que ces gus ont des réflexes au centième de seconde ; mais ça me gêne vaguement d'imaginer qu'ils aient pu kidnapper l'aîné des Berger dans la foulée, alors qu'ils venaient tout juste d'abandonner le projet de fouille de la Grande Bastide.

— Mais ce n'est pas impossible, objecta Guyon.

— Bref, dans mon panorama, si j'exclus la DGSE, les pompes funèbres et nous, ça laisse la place pour de quatrièmes larrons.

— Et le coin de la Grande Bastide, ça devient aussi peuplé que le hall de la gare Saint-Lazare entre dix-huit et vingt heures ! ironisa Aubin.

Quessada haussa ses larges épaules :

— Trois ou quatre, qu'est-ce que ça change, hé ?

— V'la le printemps ! se marra Roger.

— Explique-toi, Robert.

Le grand sourit à Otta :

— Mais oui, dans la situation où nous sommes actuellement, on en a rien à branler ! Les matraqueurs du Vésinet — probablement les PF, je veux bien — on ne sait ni qui ils sont, ni où les loger, la DGSE c'est le point d'interrogation, que d'autres rombiers soient aussi à la recherche du vase de Soissons, qu'est-ce que ça change ?

— Et personne ne sait qu'il s'est cassé ? dit Guyon.

Il eut droit à des regards pleins de reproche.

— Ben quoi ? Qu'est-ce qu'il y a ?... c'est parce que j'ai dit qu'il s'était cassé ? Je voulais dire qu'il s'est fait la malle, qu'il est plus là, quoi !

— Finalement, il n'a pas tort, Robert, convint Ottaviani. A l'heure qu'il est, tout reste à faire, dans la mesure où on saurait quoi !

Le plus urgent c'était d'appeler le boss, pour éclaircir au moins un point.

Malgré l'heure plutôt tardive, DD était encore à son bureau. Il se faisait un sang d'encre.

— Ça se complique, attaqua tout de suite Otta. Il y a de nouveaux clients, monsieur. Et ceux-là se sont carrément présentés aux fils Berger.

— *Culotté*, fit simplement Dupont-Dupond.

— Oui et non. Ils se prétendent de la DGSE.

Silence probablement surpris du boss.

— Croyez-vous, reprit Otta, que vous puissiez obtenir confirmation, ou infirmation ?

— *Mon pauvre ami, je veux bien essayer, mais de toute façon la réponse sera : non. Dans le premier cas, parce que la DGSE n'est effectivement pas mouillée dans cette histoire, et dans le second, parce que, si elle y a fourré son nez, c'est de sa propre autorité et à l'insu même du gouvernement. Elle ne le reconnaîtra donc jamais !*

— Ce n'est pas l'affaire Greenpeace, quand même !

— *Justement non. Ce pourrait être pire.*

On entendit soupirer DD.

— *Autre chose ?*

— Hélas oui, monsieur.

— *Les fils Berger refusent de vous remettre... Ils veulent relancer l'histoire ?*

— En tout cas Noël y est fermement décidé. Mais pour l'instant cette saleté de dossier est introuvable. Il n'est plus là où Mme Berger l'avait rangé.

— *Oh, nom de Dieu !*

Un gargouillis termina ce blasphème, très inhabituel de la part de DD.

— Rien n'est perdu, se hâta de dire Ottaviani. Il est probable que le fils aîné a jugé bon de le mettre en sûreté ailleurs.

Ducray du Mortay avait repris son souffle :

— *Archange, faites l'impossible ! C'est un de vos compatriotes — très connu — qui a dit qu'impossible n'était pas français !*

— Bien sûr, monsieur. Mais Napoléon aurait paraît-il ajouté, trop bas pour être entendu : « à condition de ne pas sortir des choses... possibles » ! Essayez donc de sauter dix mètres à pieds joints, même avec un tueur aux fesses, vous retomberez bien plus court !

— *C'est pour ça que l'homme a inventé les fusées !*

DD ne précisa pas où il les mettait, dans ce cas-là.

— *Rappelez-moi dès qu'il y aura du nouveau,* termina-t-il. *Et j'espère que ça ne tardera pas.*

Voilà où ils en étaient, à former des vœux ! Normal, à l'approche des fêtes de fin d'année.

— Dieu le père nous abandonne ! ricana Bastos en raccrochant l'écouteur.

Ottaviani haussa les épaules et appela la réception ; il était temps de faire la connaissance de Louis Maigrot, le collègue de Carcassonne.

— Vous me cherchez le numéro du commissariat central de Carcassonne, s'il vous plaît.

— *Tout de suite monsieur. Je vous l'appelle ?*

— Si vous voulez, merci.

Très rapidement, le commissaire eut d'abord le numéro demandé, et ensuite l'hôtel de police de la ville basse. Où il apprit que le commissaire Maigrot était parti. Il avait quitté son bureau depuis quelques minutes...

Otta ne laissa aucun message et raccrocha.

Presque aussitôt la sonnerie du téléphone, et il saisit à nouveau le combiné. On lui annonça que M. Maigrot était à la réception.

Ils étaient déjà six dans la carrée d'Otta !

— Voulez-vous le faire entrer dans une des salles de réunion ?... Oui, celle où nous étions cet après-midi, pourquoi pas !

Le commissaire se tourna vers l'équipe :

— Allons-y, les enfants !

— Tous ? demanda Quessada.

— Oui, tous. Je tiens à l'impressionner. Euh, sauf Marylin peut-être.

Sa Blondeur lui tira la langue :

— D'accord pour Marylin, mais l'inspecteur Montagné n'abandonne pas le chef.

En voyant entrer toute cette bande, le commissaire Maigrot fit une drôle de tête. Il retira sa pipe de sa bouche — une vraie, comme celle de ce brave Jean Richard — et resta bouche bée.

A part la bouffarde et l'homonymie approximative du nom, le gars ne ressemblait en rien à l'image qu'on se fait généralement du héros. Son allure générale était à la fois celle d'un paysan et celle d'un clergyman. D'un bouseux à cause du costard en velours, et d'un curé parce que ce velours était gris fumée et qu'un liséré de chemise blanche bordait d'un centimètre un col de pull noir, au ras du cou. Tout ça ne l'empêchait pas d'avoir l'air sympa !

Les présentations terminées, Otta commença par s'excuser :

— C'était plutôt à moi de te rendre visite, mon cher collègue... Et je venais justement de t'appeler. Il n'y a pas cinq minutes !

Un mouvement de la tête accompagnant celui des épaules, pour montrer qu'il n'avait rien à foutre de ce genre de précautions, et Maigrot affirma :

— Je suis bien content que vous preniez cette affaire en main, vous tous. Moi je suis super bien, dans ma préfecture. Près de cinquante mille habitants, c'est pour un flic les avantages de la ville sans les inconvénients. Ici on ne tue pas les petites vieilles — je sais, à Paris c'est en principe terminé — la drogue n'y fait qu'une timide apparition, et, comme dans toute région essentiellement agricole, les problèmes de délinquance ne sont jamais très graves.

Maigrot sourit à la ronde.

— J'adore les vallées merveilleuses et les montagnes de cette région — il y a cent mille balades à faire, à la belle saison — et je n'ai aucune ambition. Donc, cette affaire risquait surtout de me compliquer la vie, et bougrement !

Prolixe et roulant les « r », tel était Maigrot. Débordant de chaleur communicative. Ottaviani ne pouvait rêver mieux.

— Je n'ai pas tellement d'ambition non plus, répondit-il. Et je t'assure que, cette histoire, on me l'a collée sur le dos sans que j'aie rien demandé. Tu as vite compris qu'elle ne sentait pas très bon... Enfin, c'est comme ça.

Maigrot précisa ce qu'il avait déjà fait de son côté, sans empiéter sur les prérogatives de son homologue parisien :

— J'ai discuté avec le capitaine de gendarmerie : il double les patrouilles et a pris contact avec les brigades des départements limitrophes. Mes inspecteurs draguent ici et là...

Maigrot avait l'air de douter :

— Nos indics ne sont guère fiables ; ils n'ont jamais grand-chose à raconter...

Le central ralluma sa bouffarde, avant de continuer, un sourcil levé :

— D'ailleurs, je ne vois pas très bien ce qu'ils pourraient savoir, dans ce cas précis. C'est un trafic qui vient de Paris, pas vrai ?

— Plus que probablement. Ce qui pourrait nous arriver, c'est un coup de chance. Que tes gars repèrent des allées et venues suspectes, par exemple. Mais ce n'est pas là-dessus que je compte.

— Le flair ne suffit pas toujours, dit Maigrot. Je suppose que vous êtes déjà passés à la Grande Bastide...

— Bien sûr. Paris nous a tout de suite affranchis, coupa Ottaviani.

— On va peut-être demander une rançon ?

L'air de rien, ce brave Maigrot essayait de tirer un renseignement par-ci, par-là... La déformation professionnelle, ça existe.

— Peut-être, fit vaguement Otta. A ce propos, on pourrait envisager une mise sur écoute de la ligne téléphonique des Berger ?

— C'est faisable, bien sûr... Mais en cas d'appel intéressant, il faudrait que la conversation se prolonge un peu. On est pas trop rompus à ce genre d'exercice, par ici. Alors, huit ou dix minutes, ce serait le minimum !

Et le moindre truand sait aujourd'hui que, s'il ne veut pas être repéré, il ne doit pas jacter plus d'une minute dans un téléphone.

Maigrot se leva :

— Si vous avez besoin de matériel... Non, vous avez ce qu'il vous faut. Bon. De toute manière, de jour comme de nuit, je reste à votre disposition. Vous allez donc noter mon téléphone personnel...

Hyper sympa, ce mec.

Il regarda sa montre :

— Hou, cadédiou ! C'est plus que l'heure de manger un morceau, dites !

— Très juste. On peut t'inviter, Maigrot ?

— Ah, non, pas question. Ici vous êtes chez moi. Je vous emmène. Vous connaissez déjà la Cité ?

— A vrai dire, nous et le tourisme, sourit Marylin. C'est pas qu'on n'aime pas...

— C'est à voir de jour comme de nuit ! Je dirai même que la nuit — c'est illuminé toute l'année, vous savez — dans ses ruelles et ses places, que ce soit près de l'église Saint-Nazaire, dont la construction remonte au XIe siècle, près de la porte Narbonnaise ou du Château Comtal, on rencontre l'histoire à chaque pas ! Vingt siècles, ce n'est pas rien, les enfants ! Il n'y a pas une âme, là-dedans, il y en a cent mille !

Maigrot regardait gravement Marylin.

Un flic poète, quoi !

— J'ai réservé à *La Crémade,* c'est tout près de l'église, justement, rue du Plô... Une table pour quatre, à tout hasard. Aucun problème, on sera sept ! Les patrons sont de bons amis.

Maigrot sourit à Marylin :

— Si tu aimes le magret de canard au poivre vert, le cassoulet et les confits, le foie gras et pour finir les « câlins du Languedoc »...

Quessada avait les yeux brillants.

— Ah ! Les produits naturels ! C'est encore ce qu'il y a de mieux, dit-il.

Au cœur d'une cité médiévale, on ne faisait sûrement pas la bouffe dans des fours à micro-ondes !

CHAPITRE VIII

A l'heure où les poulets quittaient leur mangeoire, gavés comme des oies du pays, et à près de huit cents bornes de Carcassonne, Jean-Joseph Penel, lui, se mettait à table. En principe douze fidèles l'accompagnaient et c'est vrai qu'il se serait volontiers pris pour le roi Arthur, même s'ils n'étaient pas assis autour d'une table ronde.

Ce soir-là manquait l'un des preux...

Si la quête du Graal n'était pas son souci premier, la mystique qui s'y rattache n'était pourtant pas étrangère à la philosophie du MRN, dont Penel était à la fois le cerveau, l'âme, le cœur et quelques autres viscères en plus probablement.

Ces messieurs sortaient d'une réunion préélectorale, car J.-J. P. n'avait pas attendu l'ouverture officielle de la campagne pour les présidentielles. Son acte de candidature, il avait été le premier à le faire, grillant tout le monde d'un tas de longueurs. J.-J. P., par nature, était un fonceur, il ne s'embarrassait jamais de détails et sa devise pouvait se résumer à ceci « Où il y a de la gégène il y a du plaisir. » C'était à peine exagéré ; disons que ce plaisir n'était que la satisfaction du devoir accompli et que l'accomplissement de ce devoir, même si la manière en était discutable, lui procurait bien du plaisir. Ça vous va comme ça ?

Dès la tournée d'apéros — et les gars n'avaient pas besoin de carburant pour chauffer, la politique est suffisamment exaltante ! — le ton des conversations situa le niveau des débats : passion, véhémence, c'était le genre maison.

— Bien sûr, intervint Penel, pour l'instant nous faisons l'unanimité contre nous. Que ce soit à droite ou à gauche, les coups de pied en vache vont se multiplier, il faut s'y attendre.

— C'est parce qu'on leur fait peur ! gueula un rouquin au crâne rasé.

— On va faire douze ou quinze pour cent des voix ! Peut-être davantage. Les gens en ont assez de ces guignols plus ou moins pourris !

— Et plutôt plus que moins ! fit un autre. Regardez les scandales en série !

J.-J. P. leva la main, pour calmer son monde :

— Ne vous faites pas d'illusions, le jeu est truqué d'avance. Les scandales dont vous parlez n'iront jamais au-delà d'une certaine limite, car ils ont trop à y perdre, tous sans exception. Le moment venu, le poisson sera depuis longtemps noyé... Nous, en revanche, l'ennemi (il ne disait pas « l'adversaire », nuance !) ne cessera pas de nous attaquer. Il s'agit pour lui de réduire ce pourcentage dont vous parliez. Ce pourcentage qui ferait de nous les arbitres du second tour. Mais faites-moi confiance, nous allons les démolir, ces fanfarons !

A son tour, Jean-Joseph Penel venait de hausser le ton, focalisant sur lui la lumière ardente de onze regards luisants.

— Avant peu nous disposerons de l'artillerie lourde, croyez-moi ! Et la citadelle du pouvoir aura cessé d'être imprenable, que cela plaise ou non !

Le leader se leva ; il promena sur ses fidèles un regard de conquérant :

— Et je compte bien que, grâce à cela, grâce aux moyens dont nous disposerons alors, c'est plus de quinze pour cent que nous ferons !

Un murmure de bonheur parcourut l'assistance.

— Alors nous négocierons en position de force le report des voix pour le second tour des présidentielles. Et croyez-moi, le Mouvement de Rénovation Nationale *aura ses ministres !* Ce qui ne sera pour nous que justice, et pour notre pays une chance unique de retrouver sa grandeur passée !

Une véritable acclamation salua la péroraison de J.-J. P., enthousiasme frénétique... Quelques-uns avaient même des larmes dans les yeux. Ceux qui avaient déjà beaucoup bu, principalement.

Deux heures plus tard, le président du MRN, son pantalon retiré, était redevenu un mec à peu près comme les autres. A peine bedonnant, et nanti d'une quéquette simplette, rien de grandiose.

Valérie, qui partageait la couche du grand meneur d'hommes, s'employait à lui redonner une fermeté plus noble, une dimension qui aurait rendu la chose enfin opérationnelle. Mais la bonne volonté, la langue, les doigts et les lèvres, rien n'y fit.

Penel, d'un geste presque agacé, repoussa loin de son ventre blanc la tête brune de Valérie :

— Je n'aurai pas la tête au cul avant d'avoir téléphoné, dit-il en posant les pieds sur la moquette. Je suis un cérébral, moi !

Et il s'en fut appeler Carcassonne.

⁂

Dès l'aurore, vers huit heures du matin, le téléphone sonna une première fois dans la chambre du commissaire Ottaviani.

Au bout du fil, Noël Berger.

— *Je ne vous dérange pas ?* s'enquit celui-ci toujours bien élevé.

D'abord, il avait dit bonjour.

— *Eh bien,* continua-t-il, *ON vient d'appeler.*

— Ah bon... Il fallait s'y attendre. Et c'est toujours mieux d'être fixé. On vous a dit quoi ?

— *Pas grand-chose, vous savez... Textuellement ceci :* « On a ton frangin, tu fermes ta gueule et tu attends les instructions. Sinon tant pis pour lui. » *Ce sont les mots exacts qu'on a employés.*

Il avait l'air de s'excuser de les répéter, Noël. La bonne éducation, il en reste toujours quelque chose. Ottaviani le relança :

— Vraiment rien d'autre ? Aucune allusion à... quoi que ce soit ?

— *Absolument rien, je vous le jure !*

— Ce n'est pas nécessaire. Eh bien, il faut encore attendre d'en savoir un peu plus.

— *Ces menaces...*

— Sont certainement à prendre en considération, aussi éviterons-nous les contacts directs, vous et nous. Du moins jusqu'à nouvel ordre.

Ottaviani crut bon d'ajouter :

— Pour l'instant, je ne crois pas que la vie de votre frère soit en danger.

Ce qui ne voulait pas dire que, par la suite... Mais à quoi bon aggraver les choses !

Le deuxième coup de fil sonna le branle-bas de combat. C'était Maigrot, toujours aussi tonitruant, toujours aussi chaleureux, roulant toujours les « r », mais beaucoup plus grave cette fois :

— *La voiture de Jean-François Berger vient d'être retrouvée par les gendarmes.*

— Accidentée ?

— *Absolument pas. Par contre, il y avait un cadavre tassé à l'arrière. Non !* se hâta de préciser le central de Carcassonne. *Un inconnu. Les gendarmes sont affirmatifs.*

— C'est déjà une bonne chose...

Des tas de questions se bousculaient dans la tête d'Ottaviani ; mais il était pour l'instant incapable d'en trouver les réponses.

— J'ai une carte de la région, reprit-il, donne-moi les coordonnées de l'endroit.

— *Ce n'est pas très difficile à trouver, quand on connaît évidemment. Il vaut mieux que je vous attende à l'entrée de la petite route qui conduit aux ruines du château de Miramont.*

— Qui se trouve ?

— *Quatorze kilomètres sur la nationale 113, direction Narbonne, jusqu'à Barbaira...*

Barbaira ! Il y a des noms qui chantent ! N'est-ce pas, M. Trenet ?

— OK, vieux, termina Otta. Nous arrivons.

— Qu'est-ce qui se passe ? demanda Marylin entre deux traits de crayon pour les yeux.

— Les gendarmes ont retrouvé la tire de Berger. A une quinzaine de bornes d'ici. Nous y allons.

— Moi et toi ?

— Si tu veux.

— Je suis presque prête.

— Termine, je vais donner quelques ordres à Bastos.

Cinq minutes plus tard, Otta et Marylin quittaient l'*Ibis*. Le commissaire avait pris la 205 GTI, dont les cent trente chevaux s'emballèrent à la première sollicitation.

— On n'a pas le temps d'admirer le paysage ! ironisa Marylin. C'est pourtant superbe !

Le soleil, revenu, était encore assez bas sur l'horizon, mais les bords de l'Aude n'en avaient que plus de charme.

— Nous y reviendrons en vacances ! dit Otta.

Impossible de dire s'il parlait sérieusement.

En arrivant dans le centre de Barbaira, Marylin reconnut la silhouette un peu épaisse de Maigrot, vêtu comme la veille de velours gris.

— Vous n'avez pas traîné ! dit-il en serrant la main d'Ottaviani.

Il montra la 205 :

— Ça va peut-être trop vite ! Les radars n'ont pas le temps de la voir passer !

— Il n'a pas exagéré, sourit Marylin. Jamais plus de cent quatre-vingts !

— Au moins ne le dis pas ! rigola Maigrot, je serais obligé de verbaliser !

— Allons-y, intervint Ottaviani.

Ils roulèrent sur environ deux kilomètres,

remontant au flanc de la montagne d'Alaric la petite route pittoresque qui conduit aux ruines du château.

Les gendarmes montaient la garde, auprès d'une CX gris acier soigneusement garée à l'entrée d'un sentier. Ils avaient laissé les choses en l'état.

Le commissaire Maigrot fit rapidement les présentations ; le brigadier était resté la main au képi, en regardant plus longuement l'inspecteur Montagné. *Bis repetitat...* Il l'abaissa pour aller ouvrir la portière arrière gauche de la CX.

— Eh bien, voilà... murmura Marylin.

Costard noir, cravate noire sur chemise blanche, moustache très épaisse et de même couleur... Et aux revers de la veste les « PF » d'argent !

— Comme on se retrouve ! ironisa Ottaviani.

Maigrot entendit, mais n'osa pas poser de question. Si le collègue voulait se confier, il le ferait de lui-même. Mais ailleurs, sans doute.

Sa Blondeur fit alors une chose stupéfiante ; elle se pencha vers le visage blafard du macchabée et, d'un coup sec, lui arracha la moustache. Qui vint d'un seul coup, d'ailleurs. Les pandores étaient sciés.

— A nous les postiches ! dit-elle. Il me semblait bien qu'elle était trop belle pour être vraie !

— Sortez le corps, demanda Otta.

Il se tourna vers le brigadier :

— Vous avez déjà fouillé la voiture ?

— Non. Nous avons préféré vous attendre.

— Alors commençons...

Marylin parut interroger Otta du regard ; il eut une moue d'ignorance. En fait, il n'espérait pas une telle chance! Même si le vrai n'est pas toujours vraisemblable.

— Ouvrez le coffre, demanda Otta.

Il était vide. Même le logement de la roue de secours n'avait pas de « cadeau » à leur faire. La place y était d'ailleurs trop réduite, en dehors de son occupation normale.

Après la voiture, le cadavre. Quelqu'un était déjà passé par là : pas un papier, rien, même pas un paquet de pipes. Fumait-il seulement, ce mec? Marylin, avec son expérience de femme, d'épouse et de mère, en plus de ses quelques vertus poulardières, fit observer que les « PF » d'argent étaient très grossièrement cousus. Quant au costard, il portait encore l'étiquette d'un marchand de fringues, du quartier du Temple à Paris.

Otta nota son adresse, puis se tourna vers le collègue carcassonnais :

— Tu t'occupes de cette voiture?

— Sans problème. J'ai demandé à un gars de chez nous de venir relever les empreintes; il ne devrait plus tarder. Ensuite, on la ramènera à la Grande Bastide, d'accord?

Otta n'avait rien à objecter. Maigrot eut un mouvement de menton en direction du mort.

— Il a salement morflé. Cané en quelques minutes, tout au plus. Mais il n'y a pas de sang dans la bagnole, conclusion...

— Ce n'est pas ici qu'on l'a bouzillé. Exact.

Ottaviani sourit brièvement au collègue.

— Bon, merci pour tout. Nous on les met. Viens, Marylin, c'est terminé, par là.

En entendant le prénom de Sa Blondeur, le brigadier s'était retourné. Il devait se dire qu'avec une gendarmette de ce calibre, le travail aurait été tout à fait agréable.

— Dommage, soupira Marylin une fois la GTI en route. Ça nous aurait bien arrangé !

— Faut pas rêver, chérie. Les types qui ont buté ton croque-mort ont eu le temps de visiter la CX jusque dans la boîte à vitesse ! Ils n'auraient pas laissé le dossier Berger à l'intérieur !... Une chose est désormais indiscutable, c'est l'existence de la troisième équipe. A l'extrême limite on pouvait jusqu'ici penser que « Pompes Funèbres » et DGSE ne faisaient qu'un, ce n'est plus possible.

— Parce qu'ils ne se seraient pas flingués entre eux ?... Il reste une hypothèse quand même.

Le compte-tours de la 205 GTI était encore loin de la zone rouge, mais la vitesse limite sur autoroute était depuis longtemps oubliée.

On roulait pourtant sur une simple nationale.

— On est pas si pressé, fit Marylin.

La vitesse, elle adorait ; mais elle aimait aussi le décor paisible des rives de l'Aude.

— Tu as raison ; je me fais un peu plaisir !

Ah, les mecs ! Dès qu'ils ont une caisse rapide entre les mains, ils ne se sentent plus.

Otta revint aux affaires :

— Tu parlais d'une autre hypothèse.

— Oui. Supposons que Jean-François Berger ait lui-même buté le rombier trouvé dans sa tire...

— Avant qu'il ne succombe lui-même, je veux dire, qu'il ne se fasse arraisonner ?

Quelque chose accrochait dans l'esprit du commissaire. Il secoua la tête :

— Peu probable. Pourquoi, dans ce cas, aurait-on abandonné le cadavre dans la CX ?... Tu le sais aussi bien que moi, souvent un cadavre finit par « parler »... Il est donc toujours dangereux pour quelqu'un...

Otta songea à la griffe cousue à l'intérieur de la veste du mort.

— J'ai plutôt l'impression, reprit-il, que ce type nous a été laissé un peu comme une sorte de leurre. Pendant qu'on s'occupe de lui, pas vrai... ?

— C'est pourtant ce qu'on va faire.

— Bien sûr. On s'intéresse à tout, nous autres !

Marylin resta un instant songeuse :

— C'est pas souvent qu'on est enquiquiné comme ça ! dit-elle enfin. Tout ça pour quoi ?

— Tu le sais bien ! Pour le salut de la République. La majorité et l'opposition marchant pour une fois la main dans la main ; c'est beau, la cohabitation ! Même si ça risque de ne plus durer très longtemps.

Un petit bout de silence. Otta ralentissait.

— Mais la DGSE, reprit Marylin, qu'est-ce qu'elle vient faire, dans ce scénario ? En supposant, bien sûr, que ses agents, ici, ne soient pas aussi bidons que mon croque-mort ?

— Le mystère s'épaissit, ricana le commissaire. Si nous connaissions exactement la nature des documents réunis par feu le ministre Berger, peut-être pourrions-nous comprendre sa présence.

Ils n'étaient plus loin de l'*Ibis*.

Ottaviani s'y arrêta un instant. D'abord pour appeler Laugier — qui répercuterait ensuite les dernières nouvelles chez le boss — et le charger, lui ou Fernand Dur, de faire quelques recherches dans le quartier du Temple. A l'adresse du boutiquier qui avait vendu le costard de deuil à « fausses-moustaches ». On ne pouvait négliger aucune piste. Ils en avaient si peu !

Ensuite ils reprirent la route, direction la Grande Bastide. Bastos et Guyon étaient déjà là-bas avec Noël Berger ; Aubin et Quessada restaient, eux, sous le couvert, assurant une surveillance des abords, aussi discrète que possible. Présences normales, après la récupération de la CX.

Noël ignorait pour l'instant les dernières nouvelles. Ottaviani avait demandé à ses hommes de la boucler jusqu'à son arrivée. Il voulait *voir* d'abord la CX et son contenu.

— La voiture de votre frère a été retrouvée, annonça-t-il. Sans la moindre égratignure ; il n'y a donc pas eu d'accident. C'est déjà un premier point d'acquis. On va bientôt vous la rendre, d'ailleurs.

— A l'intérieur, pas de traces de...

Le mot n'arrivait pas à sortir de la bouche de Noël. Otta put répondre sans mentir :

— Pas la moindre goutte de sang.

Mais il ne dit rien du macchabée qui jouait les passagers clandestins à l'arrière. Il avait déjà sa part de soucis, le pauvre garçon !

— Et de votre côté ?

— Pour l'instant rien de plus.

Mais Noël allait être aussitôt contredit. Un type se pointait, rugueux et rustique, mal rasé et la casquette à la main. De l'autre, il tenait un petit paquet.

— Oui, monsieur Malvès ? fit Noël.

— Le facteur vient de passer, il n'y avait que ça et le journal...

— Donnez... Merci.

— A votre service, monsieur Noël.

Le fermier se retira, pas fâché de quitter tous ces gens qu'il ne connaissait pas.

Le second fils Berger soupesait l'envoi, une grosse enveloppe kraft repliée sur elle-même et qui portait l'étiquette « urgent ». Aucune adresse d'expéditeur ; le petit paquet avait été posté la veille, au bureau principal des PTT, place de Lattre de Tassigny. A Carcassonne, donc.

A l'intérieur quelque chose de dur, et d'assez léger. Noël remua l'envoi près de son oreille ; on entendit quelque chose bouger, un petit bruit sec.

— Le plus simple est d'ouvrir, s'impatienta un peu Ottaviani. Ce n'est certainement pas un colis piégé !

Il ajouta rapidement, crainte d'une méprise :

— Je ne veux pas être indiscret...

Mais quelque chose lui disait qu'il ne l'était pas, et que dans le paquet il y avait un truc qui les concernait tous, à des degrés divers.

Noël déchira l'emballage ; c'était une cassette de magnétophone très ordinaire, le genre de matériel que l'on trouve à bon marché dans les grandes surfaces.

Aucune lettre ne l'accompagnait, elle ne comportait aucune indication sur son contenu, mais Berger ne douta pas une seconde que cette cassette concernait le sort de son frère.

— Il faut l'écouter, pressa Ottaviani. Vous avez bien un appareil pour ça ?

Sans répondre, Noël ouvrit un meuble bas, d'apparence très rustique. A l'intérieur il y avait une chaîne complète, platine-disques, lecteurs de cassettes et de disques compact, et même un magnétoscope. La télé se cachait dans une autre armoire.

Dès les premières paroles, le cadet des Berger ne put retenir un cri :

— C'est lui !... C'est la voix de Jean-François.

« *Noël,* disait le frère aîné, *pour l'instant ça va le mieux possible et il ne faut pas te faire trop de mauvais sang. Rassure Régine* (c'était le nom de son épouse), *Guillaume est encore trop petit pour comprendre, dites-lui simplement que son père sera bientôt de retour. Enfin... Je l'espère. Mais pour cela je compte absolument sur toi. Mon sort, ma vie, ne dépendent uniquement que de la remise du « Dossier Berger », préparé par papa... Après ce que j'ai vu, ce que je viens de vivre, je puis t'assurer qu'il n'y a aucune autre alternative ; et t'adresser à la police ne servirait à rien... sinon à priver Guillaume de son père. Alors, laisse la police enquêter sur ma disparition, MAIS NE LUI DIS RIEN. Et fais très attention : il y a d'autres personnes qui s'intéressent aussi à ces papiers. Il faut que j'abrège. Tu recevras bientôt des instructions très précises sur ce que tu devras faire. Alors tu prendras le dossier là où maman l'avait rangé, pour l'apporter à mes ravisseurs. Mais surtout sois discret, ma vie en dépend. Je sais que tu seras très contrarié, mais tu peux encore choisir. Je t'emb...* »

Le dernier mot était brutalement coupé.

Noël était pétrifié. En partie rassuré sur le sort de son frère, il avait pourtant la sensation d'être au fond d'un trou noir, et de ne pas avoir la moindre idée sur la façon d'en sortir.

— Voulez-vous rebobiner, dit Ottaviani. Je crois qu'il serait bon de réécouter cette bande. Oh, ce n'est pas pour tenter de surprendre des bruits de fond, qui pourraient nous fournir une indication sur l'endroit où cette cassette a été enregistrée... C'est bon pour l'inspecteur Colombo, ça ! Mais parfois le non-dit est plus important que les paroles prononcées. De même que celles-ci peuvent être comprises à plusieurs niveaux...

Cette seconde audition se fit dans un silence quasi religieux.

— C'est une catastrophe ! dit Noël d'un air consterné. Vous vous rendez compte ?

— A quoi pensez-vous ?

— Mais, au dossier ! Ce n'est donc pas Jean-François qui l'a changé de place, et il a bel et bien disparu !... Et c'est notre seule monnaie d'échange !

— Pas si vite, fit doucement Bastos.

— Mais, vous avez entendu comme moi ! Mon frère parle bien de prendre le dossier « là où maman l'avait rangé » !

— Oui, reconnut Piétri. Mais il dit aussi qu'il faut faire très attention « parce qu'il y a d'autres personnes qui s'intéressent aussi à ces papiers ».

— Oui, bien sûr... Et alors ? Je ne comprends pas.

— Moi je comprends, murmura Marylin.

— Eh bien, explique-lui.

Une bonne occasion pour Otta de vérifier que les autres avaient fait les mêmes déductions que lui.

— Imaginez, commença Marylin, que votre frère, en vous disant de prendre les documents *là où ils étaient,* veuille vous faire entendre que, puisqu'ils n'y sont plus, c'est qu'il les a lui-même retirés ?

— C'est une affirmation gratuite !

— Elle le serait s'il n'insistait pas ensuite sur l'impérieuse nécessité de ne pas alerter la police, *alors qu'il sait parfaitement que vous avez déjà dû signaler sa disparition !*

— Oui, peut-être...

Ottaviani posa une question :

— Monsieur Berger, nous ignorons tout de votre frère, de son caractère. Selon vous, est-il homme à capituler sans condition avec autant de précipitation, même en se sachant gravement menacé ?

— Jean-François serait plutôt coriace... Quand il a décidé quelque chose, je me demande qui pourrait le faire changer d'avis. Maman pouvait, parfois...

— D'accord. Continue à présent, Marylin, reprit Otta qui savait qu'elle avait encore d'autres précisions à apporter.

— Il y a une dernière chose, monsieur Berger. En vous parlant des « autres personnes qui s'intéressent aussi à ces papiers », votre frère vous suggère sans doute la conduite à tenir le moment venu, quand il vous faudra céder au chantage.

— Quelle conduite ?... Je ne vois pas...

— Le prochain contact, celui qui réglera l'échange, se fera vraisemblablement par téléphone, car on aura besoin de connaître votre réponse. Votre frère espère peut-être que vous déclarerez alors que le dossier *vous a été volé par ces autres personnes !* Vous comprenez, cette fois ?

— Plus ou moins, fit piteusement Noël. Sans monnaie d'échange, mon frère est perdu !

— Pourquoi donc ? intervint Bastos. Qui oserait croire que vous accepteriez de sacrifier votre frère ?

— Si les arrière-pensées que vous lui prêtez sont réellement les siennes, et que j'adopte l'attitude que vous proposez, c'est pourtant bien ce que je ferai, non ?

— A ceci près que vous n'avez réellement plus ce qu'on vous demande, objecta froidement Otta.

Noël avait un instant perdu de vue cette désespérante réalité.

— Je ne pense pas, insista Bastos, que ces gens aient quelque intérêt à supprimer votre frère, ils y gagneraient quoi ?... Ce ne serait utile que pour vous obliger à vous défaire de papiers *que vous détiendriez en refusant obstinément de les donner.*

Noël baissa la tête :

— C'est un risque terrible, soupira-t-il.

— Vous oubliez tout de même un détail, reprit Marylin, c'est que nous sommes là.

Berger releva la tête ; le sourire de la miss lui parut réconfortant. Il lui fallait bien se raccrocher à quelque chose !

Ottaviani appuya davantage :

— Un autre aspect des suggestions tacites de votre frère, c'est aussi de nous faire gagner du temps. De retarder l'échéance... Et ce sera à nous de mettre ce temps à profit. Les retards, dans ce genre d'affaire, sont toujours profitables à la police.

Même si ce n'était pas tout à fait vrai, Otta ne pouvait guère laisser planer de doute.

Pendant le trajet du retour, Marylin semblait plus que soucieuse.

Ottaviani s'en aperçut très vite :

— Qu'est-ce qu'il y a ? Encore un os ?

— Est-ce que je sais !... Non, je repense à ce que supposait Santu, pendant notre réunion, hier.

— C'était quoi ?

— La possibilité d'une quatrième équipe...

— Oh, merde !

— D'accord, mais si ce n'est pas Jean-François Berger qui a planqué l'objet de tant de convoitise, c'est qu'on l'a volé. Qui, dans ce cas ?...

— Tu es au-dessous de la vérité, mon chou. On passe à cinq, malheureusement.

— Cinq ! fit Marylin éberluée.

— Mais oui !... Réfléchis : les « Pompes Funèbres », qui ne se battraient pas avec les ravisseurs de Berger s'ils avaient le dossier ; ces ravisseurs, donc, qui sont pour nous sans visage, les gars de la DGSE et nous !

— Catastrophe ! C'est pourtant vrai.

Ottaviani fit entendre un ricanement sans joie :

— Mais je vais quand même te rassurer un peu. Je reste intimement persuadé que Jean-François sait, lui, où se trouve actuellement l'enjeu de cette bataille de l'ombre.

— Et il ne le dira qu'à la dernière minute ?

— Si l'on en croit son frère, il en est capable. Et j'espère que je ne fais pas fausse route.

Pour l'instant il ne se trompait pas. Il était bien sur celle de l'*Ibis*, et du casse-croûte qui les y attendait.

Après un moment de silence, Marylin relança la discussion :

— La bagarre entre « Pompes Funèbres » et les ravisseurs, tu l'expliques comment ?

— Comme je peux ! Les types qui t'ont neutralisée ont une nouvelle fois appris l'échec de nos recherches... Oui, par notre conversation radio. Et ils ont peut-être eu la même bonne idée, celle que d'autres ont réalisée juste sous leur nez.

— Enlever Jean-François ?

— Eh oui, pourquoi pas ? Mais ça a mal tourné pour eux. Ils ont laissé un mec sur le carreau... Que l'on s'est dépêché de transporter loin du lieu de l'attaque. Parce que...

Otta regarda Marylin en coin :

— Parce que ce lieu pourrait être une indication précieuse pour la police, ma chérie.

Sa Blondeur fit une grimace :

— Ils pensent vraiment à tout, ces cons !

Le mot, dans sa bouche, ne parvenait pas à paraître grossier. Pourquoi le serait-il, d'ailleurs ? Con, du vieux français « conil » : lapin (1).

— Comme tu dis, ma poule ! conclut Otta.

(1) On s'interroge depuis longtemps sur les raisons qui ont poussé à utiliser ce mot (con) pour désigner le sexe de la femme. L'analogie avec la fourrure du lapin étant insuffisante pour le justifier, car il n'existe pas, à notre connaissance, de lapins à poils finement bouclés. Voici ce qu'en dit un auteur de la fin du XVIIe siècle : « L'hypothèse selon laquelle cette curieuse appellation remonterait à la guerre de Cent Ans et à un emprunt, par la suite déformé, fait à la langue anglaise, nous paraît peu crédible. Elle s'appuierait sur le dicton populaire : « A bon chat, bon rat », le chat désignant aussi très souvent le sexe féminin. Or le chat mange le rat, rat étantici pris au sens de « bite » et l'on retrouve le mot anglais « rabbit », soit « lapin ». Théorie que pour notre part nous ne retiendrons pas. Plus sérieux nous semble le rapprochement lapin-lapine, l'inversion de genre des appareils génitaux étant très fréquente et la définition féminine découlant logiquement d'un substantif masculin déjà existant. Or, la « pine » étant le propre de l'homme, « lapin » désormais s'impose et le « conil » qui nous intriguait est ainsi explicité. »

(d'après une œuvre anonyme « Fondement et subtilité de langue », découverte par Viollet-Le-Duc lors de la restauration de la Cité médiévale de Carcassonne, à la fin du XIXe siècle.

CHAPITRE IX

— Tu ne t'es pas trompé, Archie ?

Laissant derrière lui la N 118, et sur sa droite le pont Garigliano qui lui aurait permis de repasser sur la rive droite de l'Aude, Otta venait d'engager la 205 GTI dans l'avenue Buneau Varilla.

Otta montra sa Citizen :

— Je pousse jusqu'à l'hôtel de police, il me paraît correct de tenir Maigrot au courant.

Boulevard Henri Gout... Boulevard Barbès, ils arrivaient déjà. Marylin eut à peine le temps de jeter un regard curieux au calvaire dressé sur un bastion d'angle de la Tour Grosse.

Le commissaire trouva une place sur le parking réservé, ce qui eut le don d'attirer un policier en uniforme... qui le conduisit ensuite jusqu'au bureau de son Central.

Maigrot accueillit cordialement ses visiteurs ; il ne posa aucune question. Mais, à peine assis, Ottaviani lui fit un digest des tous derniers événements. Il s'en tint, cependant, à l'enlèvement de Jean-François Berger.

Sans doute Maigrot ne tenait-il pas plus que ça au fin mot de l'histoire.

— Un sacré sac de nœuds, dit-il pour tout commentaire. De mon côté...

Il ouvrit un tiroir de son bureau et en sortit d'abord une enveloppe jaune, ensuite une boîte qui avait autrefois contenu des cigares.

De l'enveloppe il retira un jeu de photos, feu « Pompes Funèbres » de face et de profil, mais sinistre d'une façon comme de l'autre. De la boîte du pognon : quelques biffetons de différents formats, mais aussi des pièces.

— C'était dans les poches du macchabée ? demanda Otta.

L'intérêt des photos était évident ; celui de la ferraille beaucoup moins.

— Exact, collègue...

Maigrot tripotait les pièces.

— Ah, voilà... Je voulais te montrer ça.

Le revers d'une pièce de dix balles avait été revêtu d'un autocollant publicitaire, comme cela se faisait depuis déjà pas mal de temps. Aucune loi n'interdisant ce genre de pratique.

— J'ai pensé que ça pouvait t'intéresser, dit Maigrot d'un ton plutôt neutre.

Otta saisit la pièce par le bord et découvrit le texte, au demeurant succinct, de la pub : « La Cravache », bar américain-discothèque, 45 rue de Courcelles — de dix heures à deux heures. »

— Intéressant, murmura Marylin.

Penchée vers Otta, elle matait aussi la rondelle imprimée. Elle remarqua :

— C'est propre, ce machin, quasi neuf.

Observation justifiée, la pièce n'avait pas traîné des mois durant de poche en poche, l'autocollant en eût été terni, l'impression aurait perdu de sa netteté. Ottaviani leva les yeux :

— Je la garde ?

— Bien entendu, répondit simplement Maigrot. Et je suppose que tu peux avoir besoin de ces tirages ?

Il ne parlait pas pour rien dire, ce mec.

Ensuite, Marylin et Otta repartirent vers l'*Ibis*.

Quessada et Guyon étaient déjà au boulot ; ils s'en foutaient plein la lampe avec un entrain admirable, dû en grande partie à la qualité de la bouffe. Bastos et Aubin attendaient leur tour à la Grande Bastide, alors les autres faisaient fissa.

Marylin et Otta passèrent leur commande, puis se levèrent pour se servir au buffet des hors-d'œuvre, où Sa Blondeur refusa de se laisser aller à la tentation d'un riche assortiment.

— Qu'est-ce qui se passe, à présent ? s'enquit le grand Robert. On fait quoi ?

— J'y pensais, répondit Otta. Toi, tu vas prendre l'avion pour Paris.

— Tu me jettes ?

— Idiot ? Tu as raison de manger vite, départ de Toulouse à quinze heures quarante-cinq.

Les cent trente chevaux de la 205 n'avaient pas fini de hennir !

— Je suis censé y aller pour quoi ? dit Quessada.

Otta posa devant lui la pièce de dix francs.

— C'est dans ce bar que tu vas draguer, Robert.

L'autre tombait du ciel :

— Ah, bon ? On joue aux devinettes ?

— Cette pièce était dans la poche de « croque-mort », et « croque-mort » c'est le macchabée qui s'est fait trimbaler dans la CX de Jean-François.

Otta tira de sa poche l'enveloppe jaune :

— Là-dedans des photos de ce type, prises par les flics de Maigrot.

— Cette fois j'ai compris, dit Robert.

Et il fit un signe au serveur qui passait pour réclamer les fromages, et les desserts.

***

Jean-Joseph Penel avait rapidement changé de couleur. Son visage large, d'abord plutôt pâle, avait ensuite rosi ; il était à présent rouge brique.

L'homme assis en face de lui éprouva une sourde inquiétude : d'ici à ce que le grand homme lui fasse un infarctus, ou une attaque d'apoplexie !... Il continua pourtant son rapport, parce qu'il était revenu à Paris pour ça :

— C'est malheureusement exact, confirma-t-il, pour l'instant le dossier Berger est introuvable. Nous savons depuis le Vésinet que les flics le cherchent aussi, et c'est grâce à eux qu'on sait exactement ce qu'il en est. J'ai la prétention de dire que nous n'avons jamais perdu de temps. Ni hésité sur les moyens à employer. Le plus radical nous a semblé d'enlever l'un des frères, pour obliger l'autre à céder... Mais, je viens de vous le dire, d'autres nous ont devancé. Dès le départ du cimetière, nous nous sommes mêlés aux voitures du cortège ; quand Jean-François Berger a ramené une vieille à son domicile, nous l'avons suivi. Et c'est à sa sortie, au moment où il est remonté dans sa voiture que tout s'est décidé.

Un type a bondi et grimpé aussi, un calibre à la main...

— D'où sortent-ils, ceux-là ? ragea Penel.

— Pour l'instant pas la moindre idée. Bien entendu, nous n'avons pas renoncé si vite. Berger a été débarqué à l'entrée d'un chemin tranquille, où d'autres types attendaient.

— C'est là que vous êtes passés à l'attaque ?

— Oui. Nous comptions sur l'effet de surprise ; elle a été pour nous. Ils étaient sur leurs gardes, ces salopards !... Simon a dégusté.

Un instant de silence nécrologique.

— Bordel de merde ! jura J.-J. P. entre ses dents.

Il était vachement contrarié.

— Rien à faire, il me le faut..., ajouta-t-il.

— On n'a pas dit notre dernier mot, monsieur le président. Si j'ai réussi à m'enfuir, ce n'était cependant qu'un faux départ...

— Ah ? fit Penel avec une lueur d'espoir.

— Ils ont ramassé Simon et ils l'ont emporté avec la CX de Berger. Une autre voiture suivait... Moi, je suis resté un moment dans le secteur, et j'ai bien fait. Parce que je sais, maintenant, où se trouve la planque de ceux qui veulent nous court-circuiter... On va les surveiller comme le lait sur le feu, ces emmerdeurs !

J.-J. P. retrouva un semblant de sourire. Tout n'était donc pas perdu et sa stratégie pour le sprint final n'était pas définitivement compromise.

— Une seule chose, reprit son visiteur, il nous faudra des renforts.

— Pas de problème, affirma catégoriquement Penel. On mettra le paquet le moment venu.

Il se redressait, J.-J. P., de nouveau conquérant et prêt pour toutes les batailles.

— Et vous ne ferez pas dans la dentelle, cette fois ! (comme si ça lui était déjà arrivé !) Au bazooka, si c'est nécessaire !

Et tirez-moi sur tout ce qui bouge, nom de dieu !

*
**

Avant de prendre le chemin de *La Cravache,* Robert avait fait un détour par le Quai, où il apprit de la bouche de Laugier que celui-ci n'avait rien à lui apprendre. Le marchand de fringues du Temple, payé en liquide, n'avait du client au costume noir qu'un souvenir très imprécis, il ne le connaissait absolument pas. Bref il était inutilisable.

Ensuite Quessada s'était arrêté dans son studio, pour se nipper de façon moins décontractée... Mais passe-partout quand même. Il ne tenait pas à se distinguer, à se faire remarquer aussitôt entré dans le bar américain. Pour l'instant, il n'avait pas encore décidé quelle serait la meilleure façon de se présenter dans cette boîte.

A la réflexion, il opta pour la plus grande simplicité. A quoi bon se casser la nénette !

La rue de Courcelles était pratiquement déserte lorsqu'il l'attaqua, vers vingt heures, en remontant le bout du boulevard Haussmann. Pas mal de circulation, mais à peu près personne sur les trottoirs. Le froid vif expliquait sans doute cette désertification, assez inhabituelle.

Quessada repéra très vite l'enseigne au néon du bar américain : une cravache bleue, des lettres blanches à l'intérieur d'un cercle rouge.

Il trouva non loin une place pour garer la tire empruntée au Quai des Orfèvres.

Quand il poussa la porte, la musique qui accueillit le grand Robert n'avait rien de funky. En revanche, à moins d'être un fana des marches militaires, elle pouvait flanquer une vague frousse au pékin moyen insensible aux bruits de bottes et aux pas lourdement cadencés.

« Eh bien, se dit Quessada, on est prévenu. Pour le cheek to cheek c'est pas le meilleur endroit ! »

Il eut vite fait le tour des clients qui se trouvaient dans l'établissement. Ils avaient en commun des coupes de cheveux extra-courtes, une absence totale de laisser-aller vestimentaire, et les mâchoires saillantes des brouteurs de chewing-gum, ou des paras de Bigeard-le-terrible.

Et pour éviter toute erreur déjà impossible, il y avait entre les étagères chargées de bouteilles, dominant le milieu du comptoir, une photo de Jean-Joseph Penel, ornée en sautoir d'un ruban tricolore de quatre doigts de largeur.

Derrière le rade un barman qui, dans sa veste blanche trop large pour lui, faisait penser à un troufion servant dans un mess d'officiers. Avec lui une nana, souriante et accorte, du genre youpi-youpi... Gracieuse fleur éclose dans une casemate !

Quessada vint s'appuyer au bar :

— Un double Martini-gin, s'il vous plaît.

Il eut droit à un regard ni aimable, ni hostile de

la part du gars ; la nénette, elle, venait de lui décerner un bref coup d'œil approbateur.

Deux autres rombiers vinrent s'installer à l'autre bout du rade. Ils avaient la mine suspicieuse ceux-là. Robert se demanda s'il était vraiment bien accepté dans cette buvette. Mais c'était pas le genre de problème qui pouvait le tourmenter outre mesure. Il prit son verre, le souleva en souriant à la barmaid, et le vida plus qu'à moitié. Ensuite il s'accorda une cigarette.

Le barman prit le billet de deux cents balles que Quessada avait posé devant lui et fit un aller et retour jusqu'à la caisse enregistreuse. Quand il revint avec la monnaie, il y avait parmi celle-ci des pièces de dix francs avec la pub autocollée.

Robert admira l'astuce et demanda :

— Ça fait longtemps que vous distribuez ces trucs-là ? Je n'en avais encore jamais vu.

— Une dizaine de jours, à peu près.

— Ah bon, c'est tout récent ! Alors vous allez sûrement pouvoir m'aider.

— A quoi ? demanda le barman déjà méfiant.

La nénette rieuse s'était rapprochée ; accoudée au comptoir, elle offrait au grand Robert une vue plongeante dans son décolleté, qui se serait sûrement arrêtée au slip si la môme n'avait pas eu une ceinture autour de la taille. Quand on pensait au froid qu'il faisait dehors, le coup d'œil n'en était que plus réchauffant.

Mais le barman attendait une réponse. Quessada sortit d'abord l'enveloppe jaune ; il en tira une photo de « Pompes Funèbres », pris de face :

— Ce serait pas un de vos clients ? dit-il.

Le gars se pencha un peu et la souris vint mater par-dessus son épaule :

— Oh, mais, fit-elle, ce serait pas...

— C'est personne ! coupa brutalement le barman. Occupe-toi de tes verres, Emilie, ça suffira.

— Bon, ça va ! fit la gosse vexée.

Quessada remua négativement la tête :

— Pourquoi ne pas la laisser parler, hein ?

— Parce qu'elle est là pour bosser, point final.

De nouveau Robert fit non-non :

— Pas final du tout, mon vieux. Vous êtes de bons citoyens, ici, pas vrai ?

Il montrait la photo rubanée du leader du Mouvement de Rénovation Nationale.

— Vous ne pouvez donc pas refuser d'aider la police. Ce serait un manque de discipline !

— Ah, bon ? Vous êtes de...

— Ben, oui. Il en faut, non ?

— J'ai pas dit le contraire.

— D'ailleurs, continua Robert, les flics travaillent aussi dans l'intérêt des familles ! Vous allez voir : on a trouvé un mec cané, sans papiers d'identité, par contre il avait dans la poche un peu de fric et une pièce de dix balles, avec la pub de *La Cravache*... Il a sans doute une femme et des enfants qui l'attendent, ce gus. Je me suis dit que c'était peut-être un habitué de *La Cravache*.

— Oh, c'est ça...

Le barman parut se décoincer :

— Oui, je l'ai vu ici quelquefois, mais je ne connais que son prénom : Simon.

D'une table éloignée, plongée dans un discret clair-obscur, jaillit une voix impérieuse :

— Laurent ! Amène-toi !

Le barman s'excusa :

— Je reviens tout de suite.

A peine eut-il tourné le dos que la brune Emilie

vint prendre sa place. Cette fois, en plus de la vision vertigineuse, Robert eut droit au parfum de cette affriolante souris. Et elle lui sourit si largement, dents blanches desserrées, qu'il aperçut sa luette toute rose.

— Moi je le connais un peu plus, fit-elle d'un ton presque triomphant.

« C'est mon charme qui agit », se dit le flic.

— Tu m'intéresses, chérie ! balança-t-il ensuite. Et bougrement, même !

— Simon a essayé de me draguer, expliqua Emilie.

— J'essaierais bien aussi, moi !

La souris se mit à roucouler, flattée. Elle allait pas se mettre à couiner, quand même !

— Il m'a donné sa carte de visite... Euh, je dois encore l'avoir chez moi.

Emilie vrillait dans les yeux de Robert un regard en haute-tension :

— Je finis à neuf heures, ici.

— D'accord, on se retrouve à la sortie.

— OK, soupira la môme. Si j'ai un peu de retard tu m'attendras, dis ?

— Pas plus d'une heure ! rigola Robert.

Emilie fit demi-tour, le barman rappliquait.

« Ou j'ai le gros ticket, se dit alors Quessada, ou bien elle me prend pour le dernier des caves ! » On aurait le temps de voir ça tout à l'heure.

— Vous me redonnez un double Martini, s'il vous plaît. Et si vous aviez quelques chips...

— Olives et Nutsy...

— Ça ne fait rien si je vide la boîte ?

— C'est là pour ça, monsieur.

Du bout de sa tatane, Robert attira un tabouret de bar et se posa dessus. Il lui restait un peu plus d'une demi-heure à attendre.

Dans son dos la musique devint presque assourdissante. Il était trop jeune pour avoir connu ça, Quessada, mais il croyait cependant reconnaître. Enfin, tant qu'on ne lui demandait pas de lever le bras pour saluer J.-J. P. il n'en avait rien à foutre ! Et les Antillais avaient eu tort de refouler Penel venu leur apporter la bonne parole, quelques jours plus tôt. Tout le monde a le droit de s'exprimer, après tout ! Et s'il allait chercher les voix des Caraïbes, qu'elles soient noires, bistres ou à peine teintées, c'était bien la preuve qu'il n'était pas raciste, merde !

Quessada sortit de ses réflexions pour regarder l'heure ; il était temps de se tailler. Le barman avait l'air inquiet ; il croyait peut-être que le client oubliait de payer. Robert lui laissa un pourliche honnête et gagna la sortie.

Dehors il faisait de plus en plus froid ; mais très vite le flic comprit qu'il allait avoir l'occasion de se réchauffer. Deux types lui bondissaient dessus, aux pognes de l'un d'eux brillaient des reflets métalliques, l'autre balançait un machin qui ressemblait foutrement à un gourdin.

Poings américains, matraque, c'était pas le moment de trop réfléchir.

Seulement, le grand Robert et une petite frappe du 18e ou d'ailleurs, c'est pas exactement le même gabarit ; en plus il avait l'entraînement qu'il faut, le mec. Une esquive sur le côté, un panard qui part à cent à l'heure et le gus au gourdin put prendre le sien, de pied. Le coup de talon au plexus, défonçant, c'est à la limite du mortel. Quessada n'avait pas l'intention de discuter davantage ; il sortit son feu et pointa l'autre connard. Qui freina pile. Les gestes, c'est souvent mieux que les discours.

— Une bavure me gênerait pas plus que ça, gronda Robert. Faut pas que ce soit toujours les mêmes qui en profitent ! Mais j'ai assez ri pour ce soir. Je pourrais t'arrêter pour voies de fait, même pas ! Tire-toi et que je t'oublie au plus vite.

Quessada n'était pas autrement surpris de ce qui venait de lui arriver ; une certaine agitation, des messes basses surprises en douce, l'avaient préparé à la frottée.

— Mais alors, bredouilla le type aux poings américains, tu es vraiment un poulet ?

Son copain essayait de retrouver son souffle, assis sur le trottoir ; il venait de dégobiller tripes et boyaux.

— Pourquoi ? se marra Quessada. J'ai l'air d'une Petite Sœur des Pauvres ?

— C'est le barman... Il ne croyait pas... Tu lui as pas montré ta carte.

— J'ai horreur des exhibitionnistes, mon pote ! Et maintenant, ramasse ce tas qui pue et va le débarbouiller. Je te dispense de dire merci.

En sortant, Emilie tint la porte du bar ouverte, pour que les autres puissent passer. Ensuite elle courut jusqu'à Robert :

— Oh, j'ai eu peur ! Quand j'ai compris ce qui se préparait ! J'aurais voulu t'avertir...

— T'en fais pas, bichette. Je peux sortir sans ma maman. Bon, je t'emmène ?

— Bien sûr. J'ai une chambre rue des Dames, c'est pas loin. Mais au cinquième sans ascenseur.

— T'inquiète, bébé, je te porterai.

Quessada ouvrit la portière de la bagnole, d'abord du côté d'Emilie. En découvrant le tunner radio, la môme ouvrit de grands yeux. Elle regarda discrètement vers le gaillard assis à côté d'elle, impressionnée.

« Je fais quoi, j'attaque tout de suite ? » se demanda Robert. Mais il décida que rien ne pressait. Pourquoi ne pas lui laisser l'initiative des opérations, à cette petite ?

Parce qu'il y avait tout de même encore une petite chance pour qu'il se gourre sur toute la ligne, le mec. Et la soirée ne faisait que commencer.

Arrivée chez la nana, celle-ci l'invita à se mettre à l'aise — il faisait super-douillet, dans sa niche ; une chambre de bonne améliorée, avec kitchenette et petite salle de bains, le bonheur ! — elle lui servit un scotch, tiré d'une bouteille de Lawson's Very Old et s'excusa :

— Tu me donnes une minute... C'est quoi, ton prénom, au fait ?

— Robert, Bob, Roby... Au choix.

— Bob, c'est bien. OK, j'arrive.

Emilie disparut... Et son absence se prolongea bien plus d'une minute. Quessada ne se pressait pas de conclure, mais il avait fait jouer son Magnum dans le holster... Dans la vie, il y a toujours des surprises possibles.

Il y eut droit, en effet. La môme reparut, vêtue de bas noirs et d'un porte-jarretelles. C'est tout.

— Je te plais, comme ça ?

— Si tu me plais ! Mais je te bouffe, moi !

Il y avait de quoi. Les nénés pointus d'Emilie,

c'était des griffes gentilles, son ventre nu, souligné d'astrakan noir, un coussinet où poser sa joue...

Elle vint contre lui, lui offrant déjà les hors-d'œuvre : un bout de langue sauce piquante !

Pour la gamelle, on le sait déjà, le grand Robert n'était jamais en retard. Il en roula une à Emilie qui faisait au moins six portions.

— Oh ! ce que j'ai envie, soupira la môme.

Quoi de plus chouette que la vraie simplicité ?

— C'est comme ça. Dès que...

— Tu m'as vu entrer, pas vrai ? ironisa Robert.

— Non. Dès que tu as dis que tu étais flic...

— Ah, bon ?... Ça t'excite ?

Quessada glissait deux doigts entre les cuisses brûlantes de la souris. C'était pas du bidon, ça l'excitait vraiment.

— J'ai toujours rêvé de me farcir un poulet, avoua Emilie, tout en lui prenant le bélifre à pleine main. Oh, que tu es beau !

— A cause du flingue ? fit doucement Robert.

— Non, à cause de mon pater. Il était dans la police. Sergent de ville.

Sans doute que ça expliquait tout.

Emilie finissait de déloquer « son » flic ; ensuite elle l'attira jusqu'à sa bouche, après s'être laissée tomber à genoux sur la moquette.

C'est pas possible, se dit Robert. Elle va s'étouffer... Oh, mais non... Elle n'a pas de fond cette gonzesse !

Comme il avait bien fait, Archange, de l'envoyer à Paris ; à force de bosser comme des dingues, ils auraient fini par oublier que c'était super bon, une nana goulue...

— Arrête ! dit vivement Robert.

Sans effort il souleva Emilie et la porta jusqu'au page, où elle s'ouvrit aux derniers outrages.

— Tu vas bien me baiser, dis... ?

Comment pouvait-elle en douter !

Fascinée, elle ne pouvait détacher les yeux de l'arme terrible qui la menaçait, au plus tendre de sa chair enflammée.

— Viens vite, expira-t-elle.

Une heure plus tard, seulement, on reparla de certaine carte de visite... Qui d'ailleurs n'avait jamais quitté le sac de la barmaid.

— Tu es gonflée, dit Robert en constatant la chose.

— Si je te l'avais donnée tout de suite, tu serais venu quand même ?

— A moins d'être le dernier des cons !... Mais c'est de la corruption de fonctionnaire !

— Pourquoi ? J'ai pas le SIDA !

Tiens, c'est vrai ! Il était temps d'y penser ! Métier difficile, que celui de flic. Et dangereux !

Robert tint à prendre tous les risques. Il ne quitta Emilie que vers cinq heures du mat' pour dormir trois heures dans la paix relaxante de son studio.

A huit heures trente, Ducray du Mortay le recevait, l'œil gourmand et la lèvre impatiente.

— Je suis heureux de vous voir, Quessada. Notre ami Archange m'a téléphoné, hier soir, et c'est comme ça que j'ai appris que vous étiez à Paris.

Léger reproche au passage ?

— Vous n'étiez pas ici entre six et sept, monsieur. C'est du moins ce que Géraldine m'a affirmé.

— Et c'était vrai, mon ami. Mais laissons cela. Avez-vous déniché quelque chose ?

Robert tendit la carte de visite, piquée sans problème à Emilie :

— Simon Cariou... C'est le mort que nous avons trouvé dans la CX de Jean-François Berger.

— Joli résultat, admira DD.

— On le doit à l'amabilité de la serveuse de *La Cravache*... Un bar très « typé », avec Jean-Joseph Penel en vitrine ! Mais la brune Emilie ne s'intéresse pas du tout à la politique. Elle a d'autres exigences, voyez-vous.

— Je vois, fit gravement Dupont-Dupond. Dans notre métier il faut savoir payer de sa personne.

— Laugier s'occupe déjà de « cerner » la personnalité de ce Cariou. Il questionne les RG.

DD approuva de la tête. Puis il fit à Robert un sourire vaguement contrarié :

— J'ai tenté quelque chose du côté de la DGSE, sans succès, mais c'était prévisible.

— Nous leur avons pourtant rendu quelques services, rappela amèrement Quessada (1).

— Il faut croire que la raison leur paraît insuffisante ; ou bien ils n'ont réellement rien à voir dans tout ça. Qu'en pensez-vous, Quessada ?

Dupont-Dupond ne négligeait aucun avis. Le grand Robert haussa les épaules :

— Il faudrait d'abord savoir, pour en penser quelque chose, ce qu'il y a exactement dans les papiers que l'on se dispute. Alors seulement...

(1) Les Anti-Gangs n° 36 : « Opération Kiwi ».

— Evidemment, reconnut DD. Dans l'ignorance...

Les mains jointes sur la glace brillante de son immense bureau, le boss souriait à son inspecteur, avec une touchante innocence. Robert n'essaya pas de deviner si celui-ci ignorait vraiment de quoi il retournait.

La sonnerie du téléphone interrompit le silence provisoire des deux hommes. C'était Laugier.

— Vous voulez le prendre ? fit poliment DD.

— Mais non. Je vous en prie.

Alors Dupont-Dupond brancha l'ampli.

— *Ça n'a pas été difficile,* fit la voix de Mimile. *Simon Cariou est déjà très connu des RG. Normal, c'est un activiste de la bande à Penel. Un genre de chef de section. A servi dans les commandos des Fusiliers Marins, d'où il est sorti second-maître. Il n'y a rien d'autre.*

— Merci, monsieur Laugier.

DD raccrocha, soupira, puis sourit de nouveau :

— On le sentait venir, ce coup-là ! L'intérêt de Penel pour le dossier Berger est facile à comprendre. Il en a plein ses bottes des attaques tous azimuts. Ce dossier serait pour lui une arme redoutable.

— Dont il n'hésiterait pas une seconde à se servir, c'est sûr !

— Plus que certain. Dans la conquête ne serait-ce que d'une parcelle du pouvoir, le chef du MRN est prêt à tout, y compris au pire.

Dupont-Dupond eut un soupir navrant :

— Je suppose que le commissaire Ottaviani vous a fait part à tous *de mes raisons ?*

— Il a réussi à nous convaincre, fit tranquillement Quessada. Mais ne nous demandez pas d'être enthousiastes ; on ne peut pas.

Robert sourit à son tour :

— Votre meilleur atout, monsieur, c'est que nous avons maintenant nos propres comptes à régler. Le danger que peut représenter Penel ne nous intéresse qu'au second degré.

— C'est pourtant une menace véritable. Voyez-vous, mon cher Quessada, ce qui est le plus inquiétant c'est que cet homme est probablement sincère... Comme tous les tyrans l'ont été avant lui, hélas.

DD parut rejeter de la main des pensées importunes ; il demanda :

— Toujours aucune idée, à propos de l'identité de ceux qui ont tué ce Simon Cariou ?... Non. Je m'en doutais, évidemment...

Le boss appuya sur la touche de l'interphone :

— Géraldine, appelez-moi la Préfecture de l'Aude. D'accord, j'attends...

Ce ne fut pas très long. DD se fit passer le chef des RG locaux :

— Ducray du Mortay, annonça-t-il rapidement.

Un vrai sésame. Le patron des RG de Carcassonne devait sûrement être au garde-à-vous à l'autre bout du fil.

— *Que puis-je pour vous, monsieur ?*

— Existe-t-il chez vous une section locale du Mouvement de Rénovation Nationale ?

— *Du MRN ? Certainement, monsieur.*

— Très active ?

— *Nous avons une mosquée, ici...*

DD apprécia en connaisseur la subtilité de la réponse. Il eut un bref sourire, puis :

— Donnez-moi les principales coordonnées, s'il vous plaît.

— *Le temps de prendre une fiche...*

Dupont-Dupond sortit un bloc et attendit, le stylo en l'air.

Quand il eut noté les renseignements demandés, il arracha la feuille et la tendit à Quessada :

— Voilà, mon cher ami. Vous ne repartirez pas les mains vides. Vous prenez l'Airbus de quinze heures cinquante ? Eh bien, à très bientôt, j'espère.

Robert espérait aussi ; Emilie lui avait filé rancart pour la semaine suivante. Ç'aurait été dommage de la décevoir, non ?

CHAPITRE X

Avant de prendre l'avion, Quessada avait pu joindre son chef, à Carcassonne. Celui-ci l'attendait donc à l'aéroport de Blagnac.

Otta, qui ne prenait pas facilement une pute pour une enfant de Marie, remarqua tout de suite que le grand Robert avait les traits un peu tirés, certes, mais surtout affichait un air « modestement », triomphant.

— Ce voyage éclair semble t'avoir un peu fatigué, observa-t-il.

— C'est plutôt une mauvaise nuit...

Quessada ajouta avec un sourire ironique :

— Appelle-moi « Bob », maintenant.

— Donc, tu n'as pas perdu ton temps, conclut Otta.

Il eut un sourire tout aussi caustique.

— Moi, je parle boulot, bien entendu. Côté Simon Cariou and C°, les choses sont un peu plus claires ; rien de très surprenant, en fait. Et on commence à se repérer un peu mieux, au moins sur certains points. DD ne t'a rien dit de particulier ?

— Non. Il s'est contenté de réunir quelques renseignements sur le MRN local.

— C'est son style. Il a horreur d'influencer les gens, mais il est facile de deviner à quoi il pensait, en faisant ça.

— A ton avis ?

— Il partage notre point de vue actuel : les gars du MRN se sont fait souffler Berger, nous leur avons gentiment appris que le dossier n'est pas à la Grande Bastide... Comme il n'est pas possible d'enlever le second fils, ils doivent attendre que l'échange Jean-François Berger-documents se fasse et ensuite ils comptent sûrement intervenir.

Quessada hocha la tête :

— Cela suppose qu'ils connaissent les « autres » un peu mieux que nous, et qu'ils ont les moyens d'être informés à temps.

— Pourquoi pas ?... Ils savent probablement des choses que nous ignorons puisque nous n'avons pas encore été en contact avec la troisième équipe.

Les deux hommes se turent. Au bout d'un moment, Robert parla d'autre chose :

— C'est un vrai bolide, cette petite bagnole ! Qu'est-ce qu'elle ronfle !

— Et encore, je la pousse pas, dit Otta.

Quessada admira en silence. Ils approchaient déjà de Carcassonne, après avoir laissé derrière eux Castelnaudary.

— Tu as parlé à Maigrot du MRN ? reprit Robert.

— Immédiatement, tu penses. Le chef de la section locale est déjà sur table d'écoute.

— Il en sortira peut-être quelque chose.

Ottaviani soupira longuement :

— A part ça, on piétine, « Bob » !

Et ça le faisait méga-chier de le reconnaître !

⁂

Noël Berger avait fait entrer ses visiteurs dans le petit salon glacial du rez-de-chaussée ; il n'avait pas l'intention de les garder longtemps.

Noël pensait les avoir reconnus et il avait dû réfléchir très vite. Que devait-il, que pouvait-il révéler aux gars de la DGSE ?

— Asseyez-vous si vous voulez, dit-il, mais j'ai peu de temps à vous consacrer, j'ai un rendez-vous. C'était à l'extrême limite de la politesse, sans doute, mais il n'allait pas mettre des gants, merde !

Les deux hommes firent ensemble un geste de refus. L'un d'eux affirma :

— Nous n'avons pas l'intention de vous retenir. Avez-vous réfléchi, depuis notre première visite ?

— *Nous* n'avons fait que ça, assura Noël.

— Votre frère vous a bien expliqué...

— Naturellement ! coupa Berger. Mais, comme il vous l'a affirmé l'autre jour, je suis encore plus entêté que lui !...

— Ne pourrait-on le voir ?

— Il est... à Narbonne, en ce moment.

Les gars de la DGSE parurent se consulter mutuellement du regard. Le même reprit :

— Il faut absolument que nous ayons une bonne conversation tous les quatre. Et je crois...

Le ton devint vaguement menaçant, oh, très vaguement encore, sans doute.

— ... que votre intérêt même est en jeu. Alors nous vous laissons encore deux ou trois jours.

— C'est ça ! Revenez à la fin de la semaine !

C'est tout juste si Berger ne poussa pas les visiteurs vers la sortie. Mais brusquement il changea d'avis :

— Un instant, messieurs. J'ai encore quelque chose à vous dire.

Les gars se retournèrent d'un bloc :

— Oui ? On vous écoute.

— Si vous désirez absolument parler avec mon frère, il faudrait d'abord le retrouver !

— Pardon ? mais vous venez de nous dire...

— Eh, oui ! Figurez-vous qu'il a été enlevé en revenant des obsèques !

— Enlevé ! Vous en êtes certain ?

— On ne peut plus, hélas ! Sa voiture a été retrouvée... Alors, puisque vous êtes des fortiches, à la DGSE, vous pourriez peut-être vous occuper aussi de cette affaire ! Vous auriez déjà droit à notre reconnaissance, et dans ce cas...

— Vous vous êtes adressé à la police, bien sûr ?

— Non. Enfin, les gendarmes sont venus, après avoir retrouvé la voiture, j'ai seulement dit que mon frère était en voyage et que je ne comprenais pas... Je ne pouvais en dire plus.

— Pourquoi ?

— Parce que... On m'a demandé une rançon, dit Noël après une courte hésitation.

— Oh, je comprends... Eh bien, on va voir ce qu'on peut faire, de notre côté.

Les types de la DGSE partirent sans rien ajouter. Noël Berger était pensif ; avait-il répondu comme il le fallait ? En avait-il trop dit ? Ou pas assez ? Est-ce que ce commissaire parisien n'allait pas trouver certaines de ses confidences inopportunes ?

Dix minutes plus tard, le cadet des fils Berger quittait à son tour la Grande Bastide.

En arrivant à l'*Ibis*, Otta et Quessada le trouvèrent en grande conversation avec Marylin, devant des verres à cognac.

Berger salua les nouveaux arrivants et demanda :

— La même chose pour vous ?

— Qu'est-ce que c'est ?

— Fine champagne Gaston de Lagrange.

Ça ne se refusait pas.

Ensuite le commissaire écouta Noël lui parler de la visite qu'il venait de recevoir. Au passage, Otta lui fit préciser quelques détails.

— Donc, vous ne leur avez pas parlé de l'impossibilité de retrouver le dossier ?

— Non. Je ne sais pas pourquoi, à vrai dire...

— De toute façon, ils n'ont pas besoin de savoir.

— Vous croyez qu'ils vont faire des recherches ?

— Concernant votre frère ?... Je ne crois pas. Ils ne sont pas « outillés » comme la police, pour ce genre de travail.

— Je ne sais pas, ils ne m'ont pas semblé tellement contrariés, quand j'ai révélé que Jean-François venait d'être kidnappé...

Ottaviani grogna quelque chose d'inaudible.

— A ce propos, continua Noël, j'ai recommencé de fouiller partout. Mais alors, là ! Partout !...

Marylin reposa son verre ballon.

— Je pense à un truc très simple, dit-elle. Et ce

sont souvent les meilleurs. Votre frère a pu faire un paquet poste de ce fameux dossier, et l'expédier à votre adresse du Vésinet.

— Quand aurait-il fait ça ?

— Vous ne l'avez tout de même pas surveillé sans interruption, intervint Quessada.

— Non, évidemment pas...

— Venez, monsieur Berger. On va téléphoner.

Noël suivit le commissaire jusqu'à la réception ; celui-ci demanda la cabine et s'y enferma avec lui.

— Allez-y, mon vieux, appelez les « Aulnes ».

Yves Garrec fut rapidement en ligne. Berger s'enquit d'abord de sa santé, puis posa la question :

— Est-il arrivé du courrier, ces jours-ci ?

— *Rien qui me semble important,* répondit le gardien. *Enfin, je peux me tromper. Je vous l'ai souvent dit, monsieur Noël, vous devriez le faire suivre à la Grande Bastide, ce serait plus simple !*

— Quand on s'en va, c'est pour avoir la paix, Yves. Bon, il n'est pas arrivé de colis ? Que ce soit recommandé ou non ?

— *Non, monsieur Noël. Vous attendez quelque chose ?*

— Pas forcément.

— *Ah, vous savez, on m'a donné un petit chien, oh, l'est tout jeune, mais ça fera une belle bête ! Et un bon gardien ! Conan est tout content !*

— Alors, c'est parfait.

L'hypothèse de Marylin débouchait sur une fausse piste. On ne pouvait que le regretter.

— Reste, dit-elle, la possibilité d'une grève plus ou moins perlée dans les services postaux. Il s'en produit parfois sans qu'on le sache.

Espoir infime, auquel personne ne s'accrochait sérieusement.

Berger fit signe au garçon et régla discrètement les consommations, puis il prit congé :

— Je retourne à la Grande Bastide ; si seulement...

Il tenait vaillamment le coup, ce garçon, mais dans sa tête il y avait sans doute beaucoup d'inquiétude. A juste titre d'ailleurs. Sur le seuil de l'*Ibis* il croisa Bastos ; les deux hommes échangèrent une rapide poignée de mains.

L'inspecteur Piétri venait d'être relevé par Michel Aubin. Il rejoignit les copains :

— Je boirais bien un truc comme ça, dit-il en montrant les verres à cognac. Ça caille toujours autant, dehors !

Le froid refusait de lâcher prise.

Ensuite, Santu donna une information de « dernière minute » :

— Guyon a pris une bagnole en chasse... Une caisse immatriculée 75, c'est ça qui m'a tiré l'œil. Dedans, deux types qui sortaient de chez les Berger. J'ai alerté Roger, qui planquait à l'extérieur de la propriété.

— Deux types, ce sont les gars de la DGSE, sans risque d'erreur, commenta le commissaire.

— Ah, bon ! Ils sont revenus, ceux-là ?

Otta affranchit Bastos en quelques mots. Soulignant au passage la discrétion relative de Noël Berger.

— Il a bien fait, approuva Piétri.

— Tu dis ça pourquoi ?

— Sans raison précise. Une impression...

Ottaviani soupesa du regard l'air vague de son pote ; il respectait toujours les « impressions » des autres. Mais, pour l'instant, Bastos parlait déjà d'autre chose :

— Et l'Arlésienne ?

— L'Arlésienne ?... Oh, oui ! Toujours introuvable.

Et c'était vrai, on en parlait toujours, de ce sacré dossier, et l'on n'était pas encore certain de le revoir un jour !

Roger Guyon arriva, l'air pressé. Comme Bastos un peu plus tôt, il réclama une grosse giclée de Gaston de Lagrange. Roger ne semblait pas mécontent. Tout en chambrant la fine au creux de ses mains — ou bien il se réchauffait les pognes à la chaleur du verre ? — il annonça la couleur :

— Chef, je crois que je n'ai pas perdu mon temps.

— Tu as réussi à loger tes clients ?

— Non. J'ai fini par les paumer.

— Alors je sais pas pourquoi tu pavoises ! grogna le commissaire.

— Je les ai paumés, d'accord, mais seulement parce que, comme j'étais seul, je voulais pas prendre de risques inutiles. On n'est jamais trop prudent, non ?

— Laisse le négatif de côté, invita Bastos.

Guyon enchaîna :

— Heureusement que ça roule pas mal, mais j'avais quand même peur de me faire repérer ; je suis resté à distance respectueuse.

— Tu penses que ces types ne se sont doutés de rien ? L'immatriculation en Haute-Garonne te protégeait un peu, remarque, dit Marylin.

— De toute façon, j'ai l'impression que ces gus se prenaient volontiers pour Napoléon !

— Tu as quelque chose contre Napoléon ?

Interloqué, Roger se tourna vers Bastos :

— Non, pourquoi ? Oh, merde ! Je parle sérieusement, moi ! Je peux continuer ?

— Il a raison, Santu. Pour une fois que l'un d'entre nous apporte du nouveau ! dit Otta.

— Merci pour moi, grommela Robert.

— C'est fini, oui ?... Vas-y, Roger.

— Quand même ! Bon. On a contourné Carcassonne et pris la nationale 113 pendant environ huit bornes. Là, on tourne à gauche, on arrive dans un bled qui s'appelle Trèbes ; j'ai dû ralentir et j'ai paumé ces types une première fois. Je suis revenu sur mes roues, ils avaient tourné à droite, par la D610... Et de loin je les ai vus quitter la route pour prendre un chemin de terre qui s'enfonça sous les arbres, vers le fleuve.

Guyon regarda les copains, personne n'avait plus envie de rigoler.

— J'ai laissé la bagnole à quelques centaines de mètres de l'embranchement, et je me suis lancé sur le sentier de la guerre. Un vrai sioux ! Mais j'ai vu personne.

— Comment ça, personne ?

— Ben, non. Le chemin se terminait dans les alentours d'une vieille ferme, en ruine. Plus de bagnole, plus personne, je vous dis.

Roger parut s'excuser :

— Si je n'avais pas été seul, j'aurais davantage insisté, sûrement !

— Non, tu as très bien fait ; c'était pas la peine de tout gâcher !

— Tout quoi ? demanda Marylin.

Ottaviani ne répondit pas tout de suite.

— Le résultat déjà obtenu, dit-il enfin.

Il regarda d'abord sa Citizen, puis il jeta un coup d'œil dehors ; la lumière déclinait.

— La nuit sera claire, murmura-t-il.

Tout le monde avait déjà compris.

— Toi, chérie, tu resteras ici. OK ?

— OK..., soupira Marylin.

Mais elle ne se sentait pas autrement frustrée. Crapahuter dans la cambrousse, par un froid pareil, c'était pas le truc à la faire reluire. Elle préférait se dorer au soleil. Mais à quelques jours de Noël, même en pays de langue d'Oc, c'est pas tellement fréquent.

Enfin, il y avait un relais à assurer, et pour ça l'*Ibis* lui convenait très bien.

Quessada prit la route de la Grande Bastide, Otta, Bastos et Guyon grimpèrent dans la BM.

Roger avait le parcours dans la tête.

Ils traversèrent Trèbes sans problème.

— Ralentis, dit enfin Roger, on est tout près, maintenant... Tiens, voilà le chemin !... Fais encore deux cents mètres et tu vas trouver un emplacement impec pour te garer...

Le soleil depuis déjà longtemps couché et la lune à son premier quartier, l'obscurité était d'une limpidité transparente, d'un bleu sombre comme givré. Mais, ça, ce n'était qu'une impression que l'on devait à l'état lamentable du thermomètre.

Les phares coupés, les flics demeurèrent un instant immobiles, laissant leurs yeux trouver le bon diaphragme. Ensuite ils suivirent Guyon sur le chemin qu'il avait déjà parcouru un peu plus tôt...

— Voilà la ferme en ruine, souffla Roger à l'oreille d'Ottaviani.

Ils venaient de se taper un petit kilomètre, en marchant comme des Sioux sur le sentier de la guerre.

Aucune lumière. La plupart des fenêtres n'avaient plus ni volets ni vitres, la porte principale n'était qu'à demi fermée. Par contre, il y avait sur la droite des bâtiments, une remise dont le portail rond, auquel manquaient quelques planches, pouvait encore faire croire que l'endroit était utilisable.

Le premier étage de cette ferme basse était en partie écroulé.

— Je me suis arrêté ici, murmura encore Guyon.

En plein jour, il ne pouvait faire autrement. Otta l'approuva :

— C'était la sagesse. Maintenant tu peux aller jeter un œil de plus près. On te couvre. Il n'y a certainement personne, mais ne va pas quand même prendre des risques inutiles.

— C'est du millefeuille, souffla Roger.

Les alentours de la ferme étaient envahis d'une végétation broussailleuse. Progresser dans cette jungle ne posait aucun problème.

Otta et Bastos avaient tout de même défouraillé ; une bonne précaution, ça ne fait de mal à personne, et parfois, ça vous évite des regrets.

La nuit était d'une grande sérénité ; celle des paysages sous le froid. De temps à autre quelque chose craquait, un effet du gel.

Dix minutes plus tard, Roger réapparut, un peu moins discrètement.

— La baraque est vide, c'est sûr. Mais la bagnole de mes gaziers est bel et bien dans cette remise encore debout.

— Autrement dit, fit doucement Bastos...

— Autrement dit, ils font peut-être du camping sauvage, ironisa Guyon.

— Un peu frais pour les fesses...

— Dis donc, Roger, intervint Otta. Tu as bien précisé, à l'hôtel, qu'au-delà de cette ferme abandonnée il y avait le fleuve ?

— Ben, en principe. Il me semble...

— Je crois qu'on devrait vérifier, les gars.

Les trois hommes s'enfoncèrent donc dans les taillis, n'avançant plus qu'avec d'infinies précautions. Ils firent deux cents ou trois cents mètres ; difficile d'évaluer, à l'allure qui était la leur. Sous leurs pas, les feuilles mortes crissaient à peine, gorgées d'humidité.

Encore quelques mètres et la futaie s'éclaircit.

Soudain, Otta retint les autres : devant eux l'eau miroitait doucement, immobile. Même pas un léger ressac sur les bords.

« J'y suis ! se dit Otta. Ce n'est pas l'Aude, mais le canal du Midi ! »

Ils avancèrent encore un peu, et une lumière se démasqua sur leur droite, une lumière qui flottait sur l'eau calme.

— Tu as compris ? murmura Bastos à l'oreille de son pote. Ils font bien du camping, mais nautique !

Un « house-boat » était amarré au rivage, rouge de coque, blanc de cabine, cockpit surélevé pour la manœuvre et dominant l'espace habitable vivement éclairé.

— Bougez pas, reprit Piétri.

Et sans attendre d'autorisation il disparut à l'abri des taillis, longeant le canal en direction du bateau. Il fut bientôt de retour.

— Alors ? s'informa Ottaviani.

— J'ai seulement pu distinguer deux silhouettes... Par contre, il y a un mille-pattes sur le pare-brise du house-boat.

— Un mille-pattes, hein ? (1)

Otta demeura longtemps silencieux :

— On rentre ! décida-t-il ensuite.

Personne ne songea à discuter. D'abord ils étaient tous d'accord sur le principe, ensuite ils commençaient à avoir faim, et surtout, ils en avaient plutôt marre de se geler les choses. Les nougats, surtout, en prenaient un coup.

Le repli s'effectua en bon ordre, et toujours avec la même prudente lenteur.

Ottaviani n'arrêtait pas de gamberger.

Quand ils arrivèrent enfin à l'*Ibis*, il se faisait des événements de ces derniers jours une idée davantage structurée... Et peut-être exacte, qui sait !

Marylin était très absorbée ; elle donnait au barman des recettes de cocktails, où se mélangeaient vodka Eristoff, gin Booth's et autres Martinis...

— On monte un instant, lui dit Otta.

— Désolée, je dois vous laisser, s'excusa Marylin.

L'homme en veste rouge l'était sûrement davantage. Il aimait son métier, ce gars.

La porte de la carrée refermée, Otta démarra au quart de tour :

— Je crois qu'on peut faire le point, à présent. Un : la présence des guignols du MRN, pas la

(1) Pour ceux qui l'ignoreraient encore, rappelons que ce myriapode est l'image de marque de la Sté Avis, qui loue non seulement des voitures, mais aussi des camions, des motorhome et des bateaux.

peine de passer les fêtes là-dessus. Deux : ceux que nous continuons à appeler, jusqu'à preuve du contraire, les hommes de la DGSE. Eh bien, je me gourre peut-être, mais je les vois très bien retenant Jean-François en otage.

— Quoi ? fit Marylin ahurie.

Il était temps de lui raconter l'expédition qui venait de conduire les gars au bord du canal.

— Le canal du Midi, c'est un itinéraire fantastique pour des vacances pas comme les autres, mais à la bonne saison quand même ! En ce moment, heu... Et pour quelle raison des hommes de la DGSE ne descendraient-ils pas dans un bon hôtel, comme nous ?... Allant jusqu'à parquer leur bagnole dans des ruines ! Sinon par un souci de discrétion très, très particulier ?

— Mais, leur visite à Noël Berger, cet après-midi ? objecta Sa Blondeur.

Bastos lui répondit.

— Ce n'est pas contradictoire. Besoin de s'assurer de l'état d'esprit du frangin de Jean-François. De le sonder sur ses rapports avec la police...

— Il s'en est bien tiré, dit Otta.

— Sur cette course on n'est donc plus que trois partants, reprit Piétri. Ça fait plaisir, de se retrouver en famille !

— Je me souviens d'une remarque de Noël, intervint de nouveau Marylin. A propos des visiteurs...

— Oui, approuva Otta. Il a eu l'impression que la disparition de son frère ne les contrariait pas vraiment. A présent on peut comprendre.

Après ça, le commissaire repartit dans sa gamberge. Les autres n'osaient plus le troubler.

Il en sortit pour dire :

— Marylin, tu passes un message à la Grande Bastide. Non, avec la radio de la bagnole... Tu dis aux gars qu'ils peuvent revenir ici. Pas de relève.

Les mines réjouies s'assombrirent aussitôt.

— Il me faut deux volontaires pour un réveil en pleine nuit, enchaînait le commissaire.

— Un seul, fit doucement Bastos.

— Merci, Santu. L'autre ?

— D'accord, d'accord !

Guyon ne pouvait faire moins.

Otta décrocha le téléphone et appela la réception, pour se faire brancher sur le bureau du directeur.

— Monsieur Izart, désolé de vous déranger... Si, si. Mais auriez-vous un appareil photo ?... Minolta, parfait ! J'abuse sans doute, mais la pellicule ?... Hilford 400 ASA, magnifique !... Oh, non, je n'ai rien contre le noir et blanc, je ne suis pas raciste !... D'accord. Merci.

— Z'avez pigé, les enfants ?... Séance photos, demain matin. A trois heures du mat', pas plus tard, Santu et Roger iront se planquer à l'étage de la ferme en ruine avec le Minolta du directeur. Vous emporterez de la bouffe, parce qu'on ne sait pas du tout combien de temps ça peut durer.

Et il ne pouvait être question de les relever.

— Avec un peu de chance, nos clients iront au ravitaillement, soupira Guyon.

— Eux partis, vous pourrez revenir. Moi, je vais m'arranger avec le central de Carcassonne pour qu'on ait les tirages le plus tôt possible. Il faudra ensuite les envoyer à Paris...

Otta surprit la moue dubitative de Bastos.

— Si, quand même ! Faut essayer d'en avoir le cœur net. DGSE, ou pas ?

La dernière information de la journée vint justement de Louis Maigrot : son service d'écoute, branché sur le responsable de la section du MRN de Carcassonne — à la demande d'Ottaviani, évidemment — avait enregistré un coup de fil qui ne manquait sans doute pas d'intérêt.

Otta souhaitait l'écouter, si toutefois c'était possible. Le Central lui demanda quelques minutes, puis il fut en mesure de satisfaire le désir d'Otta.

On annonçait à « monsieur le Président » que le contact avait été établi avec les camarades venus de Paris, *et que l'on était prêt à intervenir efficacement le moment venu.*

Le message était bref, mais relativement facile à décoder.

La seule question que se posait Ottaviani : comment ces gens-là pouvaient-ils être aussi affirmatifs ? Le commissaire avait une vague idée de la réponse ; elle l'incita à prévenir ses gars, ceux qui allaient opérer dans la ferme abandonnée :

— Soyez à chaque seconde sur vos gardes, les enfants. Vous êtes entre le marteau et l'enclume, c'est pas vraiment le meilleur endroit.

Mais Ottaviani était tout de même satisfait. Après une attente interminable, après les longues incertitudes, de petites choses venaient de se mettre en place. A partir de là, un processus d'accélération devait en principe s'instaurer.

Les événements n'allaient pas tarder à lui donner raison, dès les premières heures du jour suivant.

Avec Bastos et Guyon tout d'abord, qui revinrent de leur safari photo beaucoup plus tôt qu'on ne les attendait.

Marylin et Otta étaient alors dans la salle de restau de l'*Ibis*, et sous les lampes en corolles ils s'envoyaient paisiblement quelques viennoiseries.

— Sans blague ? ironisa le commissaire. Vous vous êtes fait virer ?

— Mission accomplie, chef, rigola Roger.

Il se marrait d'autant plus franchement que le succès ne s'était pas fait trop attendre.

— Une vraie galerie des portraits, expliqua Piétri. Mais ceux qui ont pris la pose les premiers ne venaient pas du canal.

— Ce n'est pas une vraie surprise, dit Otta.

— Ils sont arrivés — trois — alors que le jour finissait à peine de se lever. Heureusement qu'on avait de la pellicule rapide, d'ailleurs ! Ceux-là se sont planqués ensuite dans les taillis. Il m'a bien semblé voir un walkie-talkie.

— On fait école ! ironisa le commissaire.

Quessada et Aubin rejoignirent le petit groupe. Ils rapprochèrent des tables, pour n'en faire qu'une longue, et écoutèrent la suite.

— Ensuite, deux hommes se sont pointés, ils ont sorti la voiture garée dans la remise, et ciao ! Après leur départ, les autres se sont montrés un court instant... Pas d'erreur, ils avaient bien les ondes courtes. A leur tour ils ont mis les voiles. Restait plus que nous !

— On avait bien envie de tenter l'abordage, dit Guyon. Mais à la réflexion...

— Ce n'était pas le truc à faire, dit Otta.

— Non. D'abord on ignore encore combien

il y a de rombiers sur cet house-boat, et si ce que nous pensons est vrai...

— On le saura bientôt, dit Marylin.

— Je suis passé chez Maigrot, en revenant, reprit Bastos. A cette heure, les tirages doivent déjà sécher. Il m'a promis de faire vite.

Quessada terminait son troisième croissant :

— Je peux les porter à Paris, si vous voulez.

Le commissaire le regarda attentivement.

— A une seule condition : tu reviens coucher ici.

— Bien sûr, fit Robert la bouche pleine. C'est seulement parce que j'aime bien l'avion.

— Alors d'accord. Toi ou un autre !

Un serveur s'approcha de la table des flics et se pencha vers Ottaviani :

— On vous demande au téléphone, monsieur.

— Passez-moi la communication à la cabine.

Qui appelait ? Noël Berger ?... C'était la direction d'Avis-France. Otta reconnut la voix d'un directeur du marketing, qu'il avait eu plusieurs fois le plaisir de rencontrer.

— *Vous nous avez demandé un renseignement par télex, je l'ai trouvé ce matin... Oh, ça n'a pas été très difficile, en cette saison, vous savez ! Bon, le house-boat a été loué à Toulouse, il y a une semaine... Pour combien de temps ? Une dizaine de jours... Oui, bien sûr : Olaf Nielsen, de Paris.*

Ottaviani remercia chaleureusement.

— *Mais, de rien, cher ami. Ces renseignements n'ont rien de confidentiel... Et vous êtes d'excellents clients, n'est-ce pas ?*

Le commissaire venait à peine de se rasseoir lorsque, rebelote, on le sonna de nouveau.

Cette fois c'était bien le second fils Berger :

— Je viens de recevoir un appel des ravisseurs, commissaire.

— Je vous écoute.

— Pour l'instant c'est peu de chose. On m'informe qu'il y aura aujourd'hui, poste restante, une lettre pour moi.

— Et vous dites que c'est peu ! Dès que vous l'aurez retirée, vous venez me voir !

Un processus d'accélération, hein ?... Le flair d'Ottaviani ne l'avait jamais trahi.

CHAPITRE XI

A quatorze heures, Noël Berger téléphona à l'*Ibis*. Il fit part à Ottaviani de son intention d'aller à la poste retirer la lettre annoncée.

Le commissaire fit un rapide calcul, puis conseilla à Berger de retarder son départ d'une bonne demi-heure.

— OK, accepta Noël. Mais pourquoi ?

— J'ai l'intention de faire discrètement surveiller les abords du bureau de poste avant que vous n'arriviez... Quand vous ressortirez, mes hommes vous suivront à distance et, si rien ne vient contrarier mon projet, vous verrez dans votre rétroviseur quelques appels de phare. Ou plutôt, faisons l'inverse, ce sera plus simple. Si vous n'apercevez rien, vous pourrez venir directement à l'hôtel. Dans le cas contraire, rentrez à la Grande Bastide et téléphonez-moi.

— Vous pensez que...

— Je ne pense rien, j'essaie de prévoir.

— Bon, d'accord.

Il ne restait plus qu'à organiser la suite. Otta décida que les hommes de Maigrot, moins connus de gens venus de Paris qu'ils ne risquaient de l'être eux-mêmes après s'être pas mal agités dans le secteur, pouvaient s'occuper du petit boulot nécessaire. Il appela donc le central de Carcassonne :

— Louis, tu peux mettre deux équipes en voitures banalisées sur le coup ?

— *A ton service. Des gars dont je réponds.*

— J'en suis sûr. Leur seul problème, ce sera d'être aussi invisibles que possible... Il est peu probable qu'ils connaissent Noël Berger ?

— *Ça m'étonnerait.*

— Pas grave. J'enverrai là-bas — à la poste centrale — l'inspecteur Montagné dans la 205 GTI.

— *M'étonnerais encore plus qu'ils ne la remarquent pas ! Bon, ensuite ?*

— Marylin allumera une cigarette quand Berger fera son entrée à la poste...

Ottaviani finit d'expliquer ce qu'il voulait à Maigrot, et celui-ci, en roulant les « r », lui donna sa parrrrole qu'il n'avait pas à s'en fairrrre.

Vers quinze heures trente, Berger s'annonça à la réception de l'hôtel. Pas l'ombre d'une filoche, les types qui tenaient son frère devaient être drôlement sûrs de leur affaire !

— Je n'ai pas encore ouvert la lettre, dit Noël en s'asseyant dans la chambre d'Otta.

Celui-ci était seul.

— Eh bien, allez-y, mon vieux.

Par discrétion, il ajouta :

— Vous me raconterez après.

Berger haussa les épaules et lut à haute voix :

« *Voilà ce que vous allez faire demain soir, à vingt heures trente très précises* — les formules de politesse, c'est pas ça qui les étouffe ! — *Vous vous rendrez par l'autoroute A 61, jusqu'à la pre-*

mière aire de repos qui se trouve après le péage de la sortie Carcassonne-Est. Là, vous donnerez trois appels de phare et vous n'aurez plus qu'à attendre. Un bon conseil tout de suite : évitez les conneries ; c'est votre grand frère qui paierait les pots cassés !...

— Tout à fait normal, commenta Ottaviani.

Une question lui trottait dans le cigare : comment ces types savaient-ils que Jean-François était le « grand frère » de Noël ? Il pensait en connaître la réponse, depuis la veille.

... *Ensuite,* continua Berger, *nous viendrons vers vous et, par la glace baissée de votre portière, vous nous remettrez ce que nous voulons. Vous ne quitterez l'aire de repos que dix minutes au moins après notre départ. Après-demain, si nous sommes satisfaits, nous relâcherons votre frangin quelque part dans la nature, en parfaite santé car sa vie cessera d'être en danger dès que nous aurons les documents qui nous intéressent. Si nous ne les avions pas, vous recevriez sous quarante-huit heures une oreille de votre Jean-François ! Il n'y aura pas d'autre avertissement.* »

Noël se tut un instant, avant d'ajouter :

— Voilà... C'est tout ! Et c'est un désastre !

— Pourquoi donc ? fit calmement Otta.

— Mais, je vous l'ai déjà dit ! Nous ne savons même plus où les chercher, ces papiers de merde !

La panique le faisait dérailler, ce pauvre Noël ; Otta semblait absent, curieusement rêveur...

— Ce n'est pas le plus important, dit-il. Je vous remettrai un paquet bien ficelé, de la dimension correspondant approximativement au dossier, et vous leur refilerez ça, un point c'est tout !

Berger regarda le commissaire comme s'il doutait tout à coup de son bon sens :

— Mais vous n'avez pas entendu ?... On ne nous rendra Jean-François que le lendemain !

— C'est bien la preuve qu'ils ne seront pas pressés de défaire le colis pour voir ce qu'il y a dedans ! Et comme il n'y aura aucune force de police dans les parages, ils auront forcément confiance, les petits malins.

Noël s'énerva quelque peu :

— Mais une fois chez eux, où que ce soit, ils voudront vérifier !

Ottaviani posa une main sur l'épaule de Berger :

— Faites-nous confiance, mon vieux !... Je suis sûr qu'à ce moment-là nous aurons déjà la situation bien en main.

Otta se mit à rire :

— Vous croyez vraiment que nous restons les bras croisés, depuis que nous sommes arrivés ?

— Hein ?... Oh, je n'ai pas prétendu cela.

L'avait-il seulement pensé ? Pour finir de le rassurer, le commissaire utilisa un ultime argument :

— Je vais vous dire ce que je crois, monsieur Berger. La « disparition » de votre frère rendrait les papiers compromettants inutilisables.

— Pourquoi ? Je ne vois pas...

— Réfléchissez. Je parle, évidemment, d'une suppression *après* la remise du dossier. Car ressortir celui-ci serait en même temps avouer le crime.

— Ça je comprends !... Mais nous revenons au point critique ! Nous ne l'avons plus !

— Patience, mon vieux !

Le téléphone vint se mêler aux propos des deux

hommes. C'était DD qui tenait à communiquer sans tarder un tuyau de dernière heure :

— *Olaf Nielsen est bien un homme de la DGSE, mon cher Archange. Et, tenez-vous bien, le « patron » que j'ai interrogé n'a pas hésité une seconde avant de me confirmer la chose. Je suis resté dans le vague. « Nous aurions eu » un contact, et il s'est facilement contenté de cette fumeuse explication.*

— Ah, ah..., fit seulement Otta.

— *De votre côté ?*

— Je suis en train de retrouver un certain optimisme, monsieur.

— *Eh bien, tâchez de le conserver.*

Le commissaire raccrocha :

— Une bonne chose de faite, murmura-t-il.

Que la DGSE ait reconnu sans aucune réticence l'appartenance de Nielsen à ses services, cela signifiait sans ambiguité qu'elle ne trempait pas dans le mic-mac Berger. Mais qu'y faisaient ses hommes, alors ?... Bof, dans ces conditions, Otta décida que cette « appartenance » à éclipse n'avait plus à être prise en considération. *Quoi qu'il arrive par la suite.*

Il se tourna vers Noël Berger :

— Les choses commencent à s'arranger, mon vieux ; l'un des hommes qui, selon moi, retiennent votre frère a été identifié.

Abasourdi, le frangin regarda Otta comme s'il venait de sortir une douzaine de lapins blancs de ses trous de nez.

— Quand je vous le disais, que vous pouviez nous faire un peu confiance !

— C'est-à-dire...

Justement il ne trouvait rien à dire, Noël. Il

n'avait pas l'habitude de discuter avec des sorciers. Parce que c'en était sûrement un, ce policier ! Comment expliquer, autrement...

— Bon, vous m'excusez, reprit Ottaviani, mais j'ai encore diverses choses à faire.

Il regarda sa Citizen :

— Demain soir, vers dix-huit heures, je vous ferai porter le paquet destiné à la transaction. Ensuite vous ferez exactement ce qu'on vous a commandé de faire.

Marylin entra dans la chambre, elle en avait la clé. Berger posa sur elle un regard malgré tout intéressé. Oui, malgré son inquiétude.

— C'est certainement l'inspecteur Montagné qui fera la commission, dit Otta.

— L'inspecteur... Oui, bien sûr...

Il était prêt à croire n'importe quoi, désormais, ce brave Noël.

Il quitta les lieux avec une certaine incertitude dans le regard. Pas totalement convaincu, certes, mais avec cependant au fond de lui-même comme une fragile lueur d'espoir.

— DD vient d'appeler, dit Ottaviani. On a bien affaire à des rombiers de la DGSE, qui semble pourtant n'y être pour rien.

Il expliqua le topo à Sa Blondeur, qui eut tout à coup un sourire bizarre :

— Ce serait peut-être amusant de laisser les deux équipes se bigorner bien saignant, avant d'intervenir nous-mêmes, non ?

Otta ne détestait pas ce genre de situation :

— Ça nous rappellerait de bons souvenirs,

c'est vrai ! (1) Mais en l'occurrence, vaut peut-être mieux ne pas trop attendre.

Le temps change si vite, aux approches du solstice d'hiver !... Le commissaire se souvint de ce qui était réellement le moteur de l'affaire qui les occupait ; il fit une vilaine grimace :

— Tu sais, bébé, je voudrais pas faire le délicat, mais il n'y a vraiment rien de plus dégueulasse que la merde délayée avec du sang.

Marylin secoua pensivement la tête :

— Tu vois, chéri, j'ai toujours su que tu étais un poète !... C'est pour ça que je t'aime, d'ailleurs !

*
**

A dix-neuf heures exactement, le lendemain soir, les occupants du house-boat, ou du moins une partie, descendirent à terre. Ils se hâtèrent vers la ferme en ruine, d'où ils repartirent aussitôt en bagnole, roulant d'abord tous feux éteints.

Léonard, qui depuis la mort prématurée de Simon Cariou drivait l'équipe du MRN, donna un coup de coude au copain qui se trouvait à côté de lui, tapi dans les broussailles :

— Cette fois, mon pote, c'est l'heure « H » ou bien je suis aussi con qu'un bicot !

La comparaison était intéressante ; elle fit sourire Victor, dont les dents blanches, pointues, brillèrent dans le noir.

— Ils vont au rencart, c'est ça ?

(1) Les Anti-Gangs n° 44 : « Le beur et l'argent du beur »

— A moins qu'ils aient oublié le beurre !

Etienne Peyrac — lui c'était un fanatique local — fit une suggestion :

— Pour rigoler, on pourrait attaquer le bateau, et piquer le fils Berger !

— D'abord on n'est pas là pour rigoler, fit sèchement Léonard. Ensuite on en a rien à cirer, de ce mec, c'est pas lui qui nous intéresse. Enfin, une connerie peut toujours arriver, pas la peine de la provoquer, vu ?

C'est ça, un chef. L'autre s'écrasa.

— Allons-y, maintenant, reprit Léonard.

Chacun savait ce qu'il avait à faire. Pour commencer, Léonard tira l'antenne de son bidule et lança sur les ondes une phrase courte, mais sans aucun doute suffisante :

— Ils sont partis.

— *OK... Tout le monde est prêt.*

Ils avaient placé quatre voitures en relais, les petits soldats du MRN, et toutes équipées de la CB. La cibi, c'est bien !

Ensuite on passa aux travaux pratiques. A deux cents mètres environ de la ferme, ils posèrent en travers du chemin une large planche d'où sortaient de longs clous, pas de la broquette ! Des mastards du genre assassins de pneus. Et, pour le cas où ce serait encore insuffisant, les types déroulèrent en travers du chemin, à seulement cent mètres de la ferme, un câble d'acier qu'il ne resterait plus qu'à tendre entre les arbres, le moment venu.

— Avec ça, on est tranquille, conclut Léonard.

Ils retournèrent se planquer dans les feuillages, tout prêts à prendre leur mal en patience.

— Ce qui m'étonne un peu, dit Victor au bout

d'un temps de silence, c'est la passivité des poulets. Depuis le Vésinet ils en foutent pas lourd.

— D'abord ils sont sûrement paumés, expliqua Léonard. Et puis ce sont des fonctionnaires ; eux, pourvu que le mois tombe !

— Alors ils sont pas pressés, admit le troisième supporter de J.-J. P.

— J'allumerais bien une pipe, reprit Victor.

— Tu es con, ou quoi ? Le seul feu autorisé, ici, c'est le gros calibre !

L'autre n'insista pas. Discipline, discipline ! Et vive la victoire ! (1)

— Eh, qu'est-ce que c'est que ça ?

Une bagnole s'amenait, au ralenti mais sans se soucier, semblait-il, de la moindre discrétion.

Et bang ! Une chaussette trouée !

La voiture s'immobilisa presque aussitôt, à quelques mètres seulement de la herse de fortune. Une portière s'ouvrit et un type descendit, en gueulant :

— Et merde ! Merde ! Et merde !

Ça, au moins, c'était net.

Il alluma une grosse torche électrique, dont il dirigea le faisceau vers la roue avant droite du véhicule. Pas d'erreur, il était naze, le boudin !

— Et remerde ! conclut-il.

L'autre portière s'ouvrit et une nana mit pied à terre en râlant.

— Ça, c'est bien les idées de « monsieur » !... Les autres emmènent leur maîtresse dans des hôtels confortables ! Nous on va frotter dans les chemins creux, par zéro degré ou moins quelque chose !

(1) En allemand « Sieg Heil ! »... Souvenirs, souvenirs !

— Ecoute, je pouvais pas prévoir !

— Tu as une roue de secours, au moins ?

— Oui, bien sûr... Mais je me demande si j'arriverai à débloquer celle qui est crevée...

Les gars du MRN n'en perdaient pas une. Victor s'approcha de l'oreille de Léonard :

— Ces cons vont tout gâcher ! On peut pas les laisser là trop longtemps !

— J'y pensais. Le mieux c'est de leur donner un coup de main, en leur disant qu'on habite à la ferme. Sûr qu'ils mettront les bouts, après.

— C'est probable, oui.

— Alors, exécution !

Deux ombres sortirent des taillis.

— On peut vous aider ?

Le gars qui venait d'ouvrir le coffre de la tire se retourna ; la lumière flambante de la torche vint éblouir deux visages aux yeux clignotants :

— C'est pas de refus... Oh, mais on se connaît !

— Sans blague ? D'où ça ?

La souris s'était approchée :

— Mais oui, tu as raison, chéri... On a vu ces messieurs en photo, il n'y a pas si longtemps.

Toujours ébloui, Léonard protesta :

— Y a sûrement erreur... Bon, vous m'enlevez cette lumière de la gueule, oui !

— Oh, pardon !

Mais on ne gagne pas toujours au change ; à la place de la torche, Léonard eut droit au contact plus direct d'un 357 Magnum. C'est encore plus gênant, ce machin-là.

Dans le même temps, Victor se fit pointer sous le menton par Marylin, qui maniait son 11,43 aussi facilement qu'une houpette :

— On ne bouge plus, ou on meurt ! susurra-t-elle.

Et l'inspecteur Montagné était sûr de se faire comprendre tout de suite.

Le type du MRN local vint voir de quoi il retournait. Avant même d'avoir compris, il se fit prendre en charge par Aubin et Guyon, sortis de la ferme à l'arrivée de la BM.

En un rien de temps le trio de hardis combattants se retrouva menotté, avec à peine une petite brutalité par-ci, par-là. « En souvenir du Vésinet ! » avait précisé Ottaviani.

En lui-même Léonard se dit qu'il devrait réviser son jugement sur les fonctionnaires.

Guyon et Aubin emmenèrent ensuite ce petit monde jusqu'à une fourgonnette de gendarmerie, qui stationnait tous feux éteints dans l'épaisseur d'un bois voisin. Comme quoi, entre poulets, on se tire pas toujours dans les pattes.

Pendant cet intermède, une barque glissait silencieusement sur l'eau du canal du midi... A son bord il y avait le grand Robert, Bastos, et deux hommes de Louis Maigrot. Elle vint se ranger, sans le moindre bruit, contre le flanc du house-boat de chez Avis... A distance respectueuse, une jeep bourrée de sombres uniformes stationnait sur l'ancien chemin de halage. Pas très carrossable, ledit chemin, mais il datait seulement de trois siècles !

Les gendarmes attendaient le signal lumineux que devait faire Quessada, à la seconde même de l'assaut. Il était revenu, le temps des pirates !

Depuis une douzaine de minutes, Noël Berger avait arrêté sa voiture, sur l'aire de repos indiquée dans la lettre des ravisseurs. Aucun autre véhicule ne stationnait alentour. Par contre, ça défilait inlassablement sur l'autoroute.

Deux phares surgirent à l'entrée du parking, dépassèrent Berger, décrivirent un demi-tour dans la nuit puis revinrent se poser, de face, éblouissant Noël par la même occasion.

Ils s'éteignirent.

Berger comprit que « les autres » venaient d'arriver. Il fit par trois fois un appel de phares, et attendit encore. Là-bas rien ne bougeait.

« Ils sont méfiants, en tout cas ! » se dit Noël. Et de plus ils jouaient avec ses nerfs ! Ça faisait beaucoup d'émotions en peu de jours et Berger se demandait combien de temps il tiendrait le coup avant de craquer.

Brusquement les phares se rallumèrent, aveuglant de nouveau le cadet. Il entendit claquer une portière, puis des pas qui se rapprochaient ; alors il baissa la glace de son côté, une bouffée d'air glacé le frappa au visage.

Une haute silhouette s'appuya contre la voiture et une main se tendit :

— Donnez !

Pas la peine de discuter. Berger prit sur le siège avant inoccupé un gros paquet, assez lourd. Emballage de papier kraft et ficelle de nylon saucissonnant le tout, avec quelques nœuds bien serrés pour finir. Il tendit l'objet par la portière :

— Voilà... Et mon frère ?

— Il va très bien, rassurez-vous. Demain soir, au plus tard, vous l'aurez récupéré.

Pourquoi si tard ? Noël supposa qu'on avait

l'intention de le libérer loin de Carcassonne.

— Vous connaissez les ordres, hein !... Salut !

Le type repartit, en contre-jour dans le double faisceau aveuglant des phares...

— Tout va bien ? lui demanda le copain qui était resté au volant, un Herstal 9 mm en batterie.

— Tu parles ! Du boulot cousu main !... Le petit frère se fait trop de mouron, il ne risque pas de lever un doigt !...

— Il l'a sûrement en travers quand même !

Le commissionnaire jeta le gros paquet sur la banquette arrière :

— Allons-y maintenant, Olaf ! Nous avons au moins vingt-quatre heures de tranquillité devant nous, c'est pas la peine de les gaspiller.

Le moteur emballé, roues braquées au maxi, le prénommé Olaf lâcha brusquement l'embrayage, un demi-tour sur place, à l'arraché, juste pour se marrer un peu.

De retour sur l'autoroute, ils durent se farcir vingt-huit bornes, jusqu'à l'échangeur de Lézignan, pour pouvoir enfin quitter l'A 61 et revenir sur Carcassonne, plein pot ! En principe les radars étaient au lit, à cette heure, ou tout au moins au garage. Avec ce froid, ils auraient pu s'enrhumer.

A l'horizon de Barbaira, Olaf rappela le programme ; ils le savaient tous par cœur, à vrai dire :

— Je te largue à la ferme et aussitôt je mets le cap à l'est.

— Et nous on lève l'ancre... Rencart au terminus, le premier arrivé attend les autres !

— Je serai à Roubia bien avant vous !

— Le contraire serait inquiétant ! Nous avons compté douze heures pour faire le trajet.

— A la rame, alors ! Il y a peut-être cinquante bornes, à tout casser !

— Et les écluses ? Tu les sautes ?

— En cette saison, le trafic est plutôt ralenti.

— Il vaut mieux prévoir. Donc, tu nous prends dans la voiture, et ensuite seulement on téléphonera à Berger qu'il peut venir récupérer son cher frère...

— On ferait peut-être mieux de le buter.

— Il n'en est pas question. Ce type ne nous a jamais vu autrement qu'avec un bas de femme sur la tête...

La sortie Est de Carcassonne était en vue. Olaf ralentit, tandis que son copain cherchait de la monnaie pour le péage...

Un petit chemin, qui sent la noisette... Les deux hommes ne sentaient rien du tout, sauf l'embardée soudaine que fit leur bagnole, après un bruit tout à fait décourageant.

— Manquait plus que ça ! grogna Nielsen. Je viens de crever. Ça marchait trop facile !

Il ne croyait pas si bien dire. La planche à clous bricolée par les gars du MRN venait une seconde fois de remplir son office. Mais au profit de la bande à Otta, ce coup-ci.

Des projecteurs se mirent à flamber, devant et derrière, tandis qu'un mégaphone leur balançait l'air connu : « je t'attendais à la porte du garage... » Un prophète, ce M. Trenet. Sauf que les nouvelles paroles c'était :

— Les pognes en l'air et on reste calme !

Le pote à Nielsen crut bon de faire le malin, on

le plia aussitôt en deux, d'un coup au but à hauteur de la hanche. Une arthrose qu'il n'irait pas soigner à Camoins-les-Bains ! (1)

Des silhouettes avançaient, nimbées de lumière ; certaines en uniforme marine.

— Merde ! Les argousins ! grogna Olaf.

— Vous inquiétez pas pour la caisse, dit Bastos. On fera nous-mêmes changer la roue !

Ignorant la situation exacte, Nielsen joua le coup au bluff :

— C'est bon, les amis, vous ne savez pas à qui vous avez affaire.

— Oh, mais si ! affirma Ottaviani. Toi, c'est Olaf Nielsen, pas vrai ?

Profitant de l'effet de surprise, il lui passa une paire de bracelets-maison autour des poignets.

— Quant à lui...

Du bout de la chaussure, Otta retourna le gars qui geignait par terre, recroquevillé :

— Ah, oui, continua-t-il. Paul France. C'est bien ça, l'ami ?

Nielsen refusa encore de capituler :

— Alors vous savez aussi que nous appartenons...

— DGSE, mon cul ! Pour nous, vous êtes les meurtriers de Simon Cariou — tu ne savais peut-être pas son nom ? C'est le gars que vous avez baladé dans une certaine CX après l'avoir largement plombé — je continue, vous avez kidnappé Jean-François Berger... Donc, assassinat, enlèvement, chantage... M'étonnerait que la DGSE accepte la paternité du blot !

(1) Les Anti-Gangs n° 43 : « Le bain de boue se prend couché ».

Nielsen était effondré.

— Au fait, te fais pas trop de bile pour le paquet qui est dans la voiture, c'est moi qui l'ai fait, des vieux journaux, et un numéro de « Lui », si, quand même ! Mais c'est pas une raison pour chialer !

Jean-François Berger apparut dans la lumière des projecteurs ; il n'avait pas trop mauvaise mine.

— Eh, oui ! continua Otta. Le drapeau noir flotte sur la péniche... Pour ça non plus, faut pas t'en faire, on téléphonera chez Avis, à Toulouse, et ils viendront la chercher.

Nielsen regarda Ottaviani avec la même incertitude qui flottait dans les yeux de Noël Berger, la veille, au moment de quitter la chambre de l'*Ibis*.

— Allez, on embarque tout ça et c'est terminé pour ici ! Je crois qu'on a fait le plein.

Une paire de gendarmes, en poussant au cul de la voiture de Nielsen, eut vite fait de déblayer le passage. Otta leur recommanda :

— Retirez quand même la planche à clous, il ne viendra plus de fakir, ce soir.

A l'orée du chemin, là où il rattrapait la route, une véritable animation régnait maintenant. La gendarmerie avait établi un solide barrage et, successivement, quatre voitures bourrées de mecs s'y étaient fait piéger. Ceux-là s'en tireraient avec un contrôle d'identité un peu prolongé. On ne pouvait leur coller sur le paletot aucun véritable délit. Vivre dans un pays de Droit, ça représente quand même quelques avantages.

La voiture suivante fut celle de Noël Berger, mais le malentendu fut rapidement dissipé. Otta était encore là, d'ailleurs, pour simplifier les choses. Les deux frères s'étreignirent longuement, comme au cinéma. Ça ressemblait à du cinéma, mais ce n'était pas du cinéma.

— Et maintenant, réunion à l'hôtel, dit le commissaire pour couper court. J'ai fait mettre des bouteilles au frais, pour arroser la victoire. Sieg Heil ! OK ?

Noël Berger vint lui serrer vigoureusement les pognes ; il pleurait presque.

— Arroser, hein ?... Vous ne doutez jamais, alors ?

— « Si le doute est en toi au moment où tu dois agir, retourne te coucher », dit Bastos qui n'était pas là par hasard.

— Bigre, rigola Otta. C'est un proverbe arabe ?

— Non. Une pensée de Koung Fou Tseu.

— Je me disais aussi...

Otta battit le rappel et on leva le siège.

Dans la salle de réunion de l'hôtel, monsieur Izart fit personnellement péter les bouchons de blanquette. Il ne savait pas exactement ce que l'on fêtait, mais puisque tout le monde paraissait content... Il l'était aussi. C'est ça, la convivialité.

Louis Maigrot n'avait pas été oublié, ses hommes non plus. Les flics étaient assez nombreux pour former un syndicat. Ceux de Carcassonne mirent les bouts les premiers. On se retrouva entre soi, avec les Berger en plus.

Noël avisa le fameux paquet, le leurre qui avait servi à la transaction.

— Ça fera un bon souvenir, dit-il en souriant.

— Ouais, reconnu Ottaviani. C'est bien pour ça que je l'ai ramené... Vous voulez l'ouvrir ?

— L'ouvrir ? s'étonna Noël.

Bastos avait déjà sortit un Laguiole (1) de poche, il tranchait rapidement les boucles de nylon tressé.

Jean-François ne comprenait pas. Après les explications que son frère lui avait données en route, de quel intérêt pouvait donc être ce colis ?

Bastos avait commencé à déplier l'emballage de papier kraft ; il poussa le paquet vers Noël, lui laissant le soin de terminer.

— Oh..., firent les deux frères simultanément.

Ils ne pouvaient s'y tromper : ce classeur toilé de gris, l'attache solide blanche rayée de rouge, et puis l'étiquette octogonale, sur laquelle le ministre avait tracé d'un gros feutre noir « *Affaires en cours* »*;* ce qui voulait tout et rien dire...

— Ainsi vous l'aviez retrouvé ! murmura Noël.

— Seulement hier. Et où votre frère l'avait laissé, en revenant des obsèques : chez la vieille tante à peu près impotente, qu'il venait de reconduire, emmitouflée dans une vaste pèlerine à l'ancienne. Je dois reconnaître qu'elle ne s'en est pas facilement dessaisi... Seulement quand je lui ai juré que son petit-neveu Jean-François en faisait une question de vie ou de mort... Elle est de ces gens qui ont encore confiance dans la police.

Guyon ricana discrètement, mais il eut quand même droit, sous la table, à un coup de latte de Michel Aubin.

— Mon dieu ! Mais alors...

Rétrospectivement, Noël Berger se payait une grosse crise de foi. Sans « e », d'accord.

(1) Toujours pour ceux qui l'ignoreraient encore, Laguiole est une marque réputée de coutellerie.

— Vous rendez-vous compte, si les choses étaient allées de travers !

— Je croyais vous l'avoir dit, il n'y a là que des coupures de vieux journaux. Je n'ai utilisé que la chemise toilée, pour le cas où la curiosité des ravisseurs les aurait poussés à jeter un œil sous l'emballage.

— Ah, bon ! se rasséréna Noël.

Son frère posa sur Ottaviani un regard comme rétréci à force d'être aigu.

— Vous avez donc conservé les documents qui...

— Eh, oui, coupa le commissaire. *Je n'ai plus le droit de vous les rendre*, pour l'instant.

— Comment ? protesta Jean-François.

— Ce sont des pièces à conviction, maintenant. Plus tard peut-être...

Otta souriait benoîtement, il ajouta :

— Après les élections présidentielles, peut-être...

Estomaqué, Noël en perdait la voix. « Non, songea-t-il, ce n'est pas un sorcier, ce flic, c'est le diable lui-même ! »

Mais pas un mauvais diable, hein ? Son frère aîné lui devait *au moins* la liberté... Et c'était déjà pas si mal.

⁂

A neuf heures trente, le lendemain matin, Marylin finissait de prouver à son Archie que la virée à Carcassonne était bel et bien un autre voyage de noces lorsque le téléphone, une fois de plus...

Dieu merci, le commissaire venait de donner le dernier coup de rein, celui qui terminait heureusement un parcours sans reproche.

— J'y vais, soupira-t-il en basculant sur le côté.

Enorme sacrifice. Il serait bien resté encore un bout de temps comme ça, allongé sur le ventre et les seins brûlants de Sa Blondeur !

C'était la réception, qui lui passa ensuite le directeur de l'hôtel.

— *J'espère que je ne vous dérange pas ?*

— Mais non, mais non...

Il faut bien mentir, parfois.

— *J'ai un message pour vous ; il concerne également toute votre équipe. Voilà : vous êtes attendus pour déjeuner, vers treize heures, à la Maison de la Blanquette. A Limoux, évidemment.*

Otta profita de ce que, s'il y avait le son, il n'y avait pas l'image, pour faire une vraie grimace.

— Vous êtes très attaché à la promotion des produits de votre pays, dit-il.

— *Oh, mais non. Il ne s'agit pas de ça. C'est un monsieur... J'espère que ce n'est pas une farce... Enfin ! M. Dupont-Dupond, qui vous y invite.*

— Alors c'est très sérieux, au contraire.

Otta, malgré tout, remercia M. Izart. Il n'avait fait que son métier, ce brave directeur.

Quand il se retourna, dans l'intention de revenir au lit, Archange ne retrouva qu'un triste drap chiffonné. Marylin était dans la salle de bains ; elle se refaisait une beauté, en pensant aux croissants pur beurre du petit déjeuner.

Treize heures pile...

Ducray du Mortay les attendait, debout,

devant la grande table dressée non loin d'une cheminée où brûlait un romantique feu de bois.

Il tendit au commissaire une main cordiale :

— N'est-ce pas merveilleux, mon cher Archange ?

De quoi parlait-il, exactement ? De leur succès ?

D'un geste large, DD désigna le décor chaleureux de la Maison de la Blanquette, les tables joliment nappées, les chaises garnies de paille dorée, les bouteilles couchées dans les alvéoles d'un claustra de briques rouges, le carrelage en grès flammé, et puis les femmes discrètes qui toutes portaient sur leur chemisier blanc un macaron orné de l'aigle cathare, la marque d'Aimery.

— Ce sont des femmes de vignerons, expliqua DD. Elles retournent à leurs travaux après le service. Ah, voilà madame Bouichet, c'est la gérante... Elle est absolument charmante...

Les flics écoutaient le boss, sidérés tout autant par sa présence inattendue que par sa connaissance insoupçonnée des bonnes gens du terroir.

— Mais, passons à table, mes amis. Vous allez découvrir la plus authentique des cuisines régionales : fricassées de Limoux, cassoulet au confit de canard, grives aux raisins de Sieur d'Arques, daube !

— Pitié, soupira Marylin. Je grossis à vue d'œil !

Son éjaculation (1) ne parut pas attendrir DD.

— Ne vous inquiétez pas, les bons vins sont à discrétion, ils feront glisser !

(1) Je n'y suis pour rien, voir Nouveau Larousse Universel en deux volumes : éjaculation, courte prière fervente.

— Ça je connais, dit Bastos qui avait pour le Fitou une amitié particulière.

Le repas fut un vrai festin, quelque chose de pantagruélique. Tout le temps qu'il dura, le boss ne fit aucune allusion à quoi que ce soit. Après le vieux marc de pays, peut-être...

Ils étaient seuls maintenant dans la salle à manger. Les vigneronnes s'étaient discrètement retirées.

— J'ai tenu à venir chercher moi-même le dossier Berger, dit Dupont-Dupond d'une voix neutre.

— Vous aviez peur qu'on nous le vole pendant le voyage retour ? ironisa Ottaviani.

DD ignora la question ; il regarda le commissaire droit dans les yeux :

— Vous l'avez lu ?

— Disons parcouru... Il n'y manque rien ! Depuis les scandales immobiliers à grande échelle jusqu'à de douteuses complicités dans une histoire de vrai-faux passeport, il y est question aussi de bijoux, de marchandages secrets pour régler le sort d'otages, d'exportations frauduleuses d'armement en direction de l'Iran, malgré les plus hautes interdictions ! Ce trafic d'arme, qui met directement en cause un industriel parmi les plus importants de France, n'a d'ailleurs été réalisable que grâce à la complicité d'hommes de la DGSE, qui ont utilisé, *à titre privé,* certaines de leurs possibilités de fonction... Je passe rapidement sur les protestations de magistrats excédés par les pressions politiques, sur les fausses factures destinées à financer la plupart des partis, simple bluettes ! Il y en a pour tous les goûts et pour tout le monde, en effet.

Ottaviani levait sur DD un œil sombre :

— J'en oublie, mais c'est suffisamment écœurant comme cela !... Qui donc était Berger, pour avoir pu réunir un tel acte d'accusation ?

Ducray du Mortay parut surpris :

— Mais, un ministre de l'Intérieur, l'auriez-vous oublié, mon cher ami ? On en a connu qui faisaient poser des micros chez les journalistes...

— Je vais vous dire, monsieur, aujourd'hui je me sens complice de toutes ces affaires immondes, alors, voilà...

Otta sortit une enveloppe de sa poche et la tendit à son directeur :

— C'est ma lettre de démission, monsieur.

— Je la refuse.

DD dut faire un effort pour sourire :

— Moi j'ai dans ma sacoche votre proposition pour la Légion d'Honneur, Archange.

— Vous plaisantez, j'espère ! Je la refuse !

— Alors tout est bien, mon ami. Nous sommes quittes !

Il avait toujours le dernier mot, le boss.

Achevé d'imprimer en janvier 1988
sur les presses de l'Imprimerie Bussière
à Saint-Amand (Cher)

— N° d'imprimeur : 3314. —
— N° d'éditeur : 5456. —
Dépôt légal : février 1988.

Imprimé en France